浪子的一生

浪子 著

他也到聯合國表達「入聯」意願

他沒背景，卻拜訪過華府、窺視世界權力中心

他沒讀書，卻到美國哈佛、英國牛津和劍橋、中國北大遊學

他沒有錢，卻可以周遊列國

他的命運坎坷，從小失學、餐風露宿街頭

人醜不能怪父母，沒錢不能怪政府

自序

　　沒有傲人的學歷，更沒有輝煌的事業，也沒有別人的幸運與財富，祇有自己獨闖江湖的歷練，生命中最感謝的是父母親，千辛萬苦的讓我完成國民小學學業，教我算術及認識字，更教我為人處事的道理，希望我進入社會後，不要分不清男女廁所或沒有數學概念而找錯錢，這對一般人而言，或許是芝麻小事，但對我個人而言，卻是偉大的「壯舉」，也很奢侈，平凡中的不平凡，刻骨銘心，沒齒難忘。

　　十三歲小學畢業後因家境貧寒，無法繼續升學而遠離他鄉，餐風露宿，睡台中公園。窮人沒有悲觀與選擇的權力，男兒當自強，一切靠自己，所謂「人醜不能怪父母，沒錢不能怪政府，祇要努力和刻苦，還是會有前途」。日出就是希望，日落就是彩霞，一步一腳印，一路走來驚濤駭浪，任勞任怨，酸甜苦辣，真是點滴在心頭，雖然沒有像別人一樣的登峰造極，但在自己坎坷的人生旅途上也採得幾徑花草，無限欣慰。別人寫書通常都會邀請高官或政商名流為其寫序，

藉其光環以肯定書的價值，而我卻自感才學疏淺，文筆雅嫩
生澀，無膽無顏恭請名人賜墨，深怕影響大人光澤，祇有搬
出最原始赤子之心，用最簡單的草根、鄉土用語及最真實
的面貌，呈現給敬愛的讀者，不懂修飾，也不會潤筆，大
膽出書，錯誤在所難免，懇請前輩們不吝批評指教，自當感
恩不盡！

目次

八七水災　我的家沒有了

　　狂風暴雨，從白天到深夜，又從深夜到白天，連續三天的風雨肆虐，放眼望去，到處都是山洪爆發，土石流夾帶著滾滾黃泥往低處的大甲溪狂瀉，原先屋邊綠油油的香蕉園，頓時也全部沖毀，面目全非，觸目驚心，一切如同世界末日來臨。在風雨的怒吼聲中，我親眼目睹父親兩眼淚水，雙掌合十，跪在簡易的神桌前，祈求強烈的風雨趕快遠離，而母親忙著在漏雨的屋內，張傘鋪雨衣、照顧子女，哪知越祈求反而風雨越大。記憶中那時我才十歲，八月九日上午十點左右，瞬間一陣強風暴雨，馬上就將我們本來搖搖欲墜的「家」（其實是一棟約十坪的茅草屋）吹毀了，父母親也在風雨慌亂中強拉著我們逃離，暫借附近五百公尺外的工寮棲身，這時在我幼小的心靈中，深深體會到無「家」可歸的痛苦，一場無情的水患，造成慘痛的悲劇。

　　歷史記載，「八七水災」發生在一九五九年八月七日，因日本南方海面「蘇倫颱風」效應，把附近熱帶低氣壓引進

台灣，形成強大的西南氣流，導致發生超大豪雨，四處積水不退，造成台灣中南部一直到八月九日連續三天超大雨量，到處山洪爆發，河川水位高漲，災情慘重。

（附註：八七水災是台灣在第二次世界大戰後最慘重的天然災害，僅次於九二一大地震的大規模災難）

天有不測風雲，當本文即將定稿之際，卻遭逢莫拉克颱風襲擊台灣，造成「八八水災」，重創南台灣，山河變色，損失慘重。筆者是八七水災的受災戶，藉此希望災民擦乾眼淚，勇敢再站起來重整家園，明天會更好。

風雨交加野外出世　坎坷的童年

　　世界上的文字，我想只能用「悲慘」或者「更悲慘」的形容詞來描述我母親生我的際遇了。傳統的待產不是在家裡，就是在醫院或產房，而我母親已身懷六甲面臨分娩時刻，還得在山地和平鄉中坑坪深山的工寮為著賺取生活費而替伐木工人煮飯，當時連續幾天都下著大雨，偶而也刮起陣陣強風。

　　民國三十八年八月某天早上母親肚子一番陣痛，正在伐木避雨的父親，見狀直覺上是要生產了，急忙冒雨帶著母親下山返家，哪知肚子裡的我已迫不及待想初見人世。父親趕忙扶著母親在下山途中香蕉樹下，這時我已經來到人間了，因為是第一胎的關係，父親缺乏經驗，只得匆忙呼叫附近居民來幫忙，這時有位路過的熱心阿婆，冒雨協助，利用割香蕉的鐮刀，割斷那血淋淋的肚臍，然後用外套包裹起來放在裝香蕉的竹簍內，再急忙下山搭車回家。整個過程有驚無險，但因母親身體虛弱，四天沒進食，而我瘦小如酒瓶，母親無奈，只好用黑糖水充當母奶。前幾天的煎熬，終於平

靜，恢復一般常人坐月子的方式，也因為我突然的出世，父母親把我命名為「路生」，後來請教算命師他說我與水有緣，名字要有水字部，後來又改名如今的「濟貴」。

因母親匆忙回家生產，老板又在此時不幸往生，四個月的薪水無法領取，難怪母親迄今記憶猶新，經常訴苦念念不忘這過去人間悲慘苦澀的往事，再加上婆媳之間不斷衝突，家中又窮，母親曾背著我走在大甲溪旁簡易的竹橋上，仰望著蒼天，看著腳底下湍湍急流的溪水，想解脫人生，剎那間不知為何回心轉意，才挽回母子兩條命，或許是這些奇怪際遇因素，構成我浪跡天涯的人生。

每逢冬季來臨，住在山上，如同天寒地凍，顯得特別寒冷，在早期四十年代，大自然隆冬的溫度都在六、七度上下，我每天早上五點半就要起床，簡單的漱洗、用過早餐後，背著書包，挑著清晨四點母親先行準備好的菜擔子──這是母親以種菜為業種出的新鮮蔬菜，趁著大清早露水還未消失之前，把它摘下清理然後分成兩個籃子，挑到山下的部落宿舍區，挨家挨戶叫賣，賺點零用錢貼補家用。

每天重覆的工作，打著赤腳，沿著山中羊腸小徑，往返在二公里外的和平國民小學，這時山腰上的梯田及路邊的野

草，早已被薄薄的霜覆蓋著，雪白晶瑩剔透，寒風刺骨。為了在七點鐘之前趕到學校上課，如有賣不完的青菜，則寄放在途中的店家，等待下午四點下課後，再順道收回，另送兩把青菜給店家，當成代售的勞務代價。放學後，首要工作就是牽牛去吃草，堪稱是標準的牧童，如遇周末假日則要幫忙父親耕田或上山砍柴。日復一日，窮人家的小孩當然是沒有悲觀與選擇的權力，生活雖然清苦，但偶爾也會羨慕其他的同學中午帶的便當菜色很豐富，有魚有肉又是白米飯。記憶中有一次放學回家，母親工作在忙，不知天高地厚的我，卻大聲嚷著：「媽媽我也要像同學一樣吃白米飯。」這時母親聽到了，馬上叫我小聲一點，不要被別人聽到，明天早上煮飯的時侯，蕃薯少摻一條就是了。

因為我們家每餐飯都要摻蕃薯，久而久之，都吃膩了，自己所種的稻米，部份要拿去賣錢的，換取日常的開銷費用，因為沒有其他的經濟來源，所以與豬爭食，見怪不怪，每天放學回家，肚子很餓，我就會在餵豬的餿水中，翻找煮過的野生山芋頭或樹薯之類的食物，你一瓢我一找，先行果腹充飢。穿鞋子及買衣服是我們最奢侈的願望，買鞋買衣服則要買加大一號，預留成長空間。鞋子買回來，平常時是不

能穿的，那是學校遇節慶或督學要來檢查時才可以穿，衣服也如此，平日身上穿的都是母親利用麵粉袋縫製的衣褲，達到實用與保暖功效。

父母親也在克勤克儉中，利用一年的時間恢復被八七水災摧毀的房子，重新建造完成，大概十多坪，樑柱用杉木，屋頂蓋上台灣小瓦，牆壁內用竹編外加泥土與牛糞混合粉平，非常堅硬，總算我們又有家了。當時也沒水沒電的，家中的照明是用煤油燈替代，水則來至山坑水，利用竹子劈成兩半，從山澗接引到家中，不過要經常巡水就是了，因為天天有飄不完的樹葉阻塞。

光陰似箭，經過六個寒暑，我即將從國小畢業了，考試成績不錯，獲得鄉長獎：一本字典，如今已隔四十七年了，目前還在使用中，當然最高興的是父母親，他們多了「我」這一個幫手。

餐風露宿街頭　台中公園是我的家

　　十三歲小學畢業後因家境貧寒無法繼續升學，在家幫助父親耕種，每天過著日出而作、日落而息的農家生活，此刻父親也感受出，這對我未來前途似乎沒有幫助，必須學有一技之長。經過一段思考，透過親友的介紹，決定帶我到都市學技術、應徵印刷廠當學徒，在面試過程中老板問我會不會說台語，我假裝會說（因為我是客家人）而點頭，老板就順著在桌上拿起一隻筆問我這台語怎麼講，當時我也說不出來，老板又在旁邊櫃子上拿起一塊香皂，同樣問我台語怎麼說，我當然也答不出來，此刻老板很客氣的對我父親說，很抱歉您兒子要學手藝很好，但我裡面的師傅都是閩南人說台語的，怕無法溝通。父親笑臉答謝後，一走出門外，氣急敗壞，重重在我臉上打一個耳光，罵我不誠實，不會就不會，讓他顏面無光，因此我們很快就搭車回家了。

　　回家後重複原來的工作，天天汗流浹背，幼小的心靈，初次到都市，已被市區無奇不有的生活迷惑了，天天在山上

工作確實感到平淡無味，於是又再次請父親幫我在外面找工作，表明自己會認真學習的；父親再度透過親友介紹到台中做太陽餅，父親一向管教嚴肅，期望我能出人頭地，也希望我學一技之長，幫家裡賺些錢貼補家計，這次父親沒陪我應徵，而是把我交給他的朋友，委託他把我帶到台中某大食品行，臨行前說了重話：沒學好不准回家。就這樣，我第二次離開家。或許我出生在山上，頭腦不靈活，再加上台中市民多說台語，幼小心靈耐性跟毅力的不足，環境條件都難以適應，於是我在晚上偷偷的跑走。當然沒錢也沒膽子回家，就這樣展開人生第一次的流浪生活，以前也沒電話，父親也不曉得我沒做了。白天，我在市區亂闖亂逛，晚上，睡台中公園的涼亭，深夜看到巡邏員巡邏，我就躲到附近攤販車或是賣玉米的、賣花生的攤架下。

　　冬天夜裡寒風刺骨，攤架的主人收攤後，裡面還有餘溫我就躲在裡面很溫暖，沒錢買食物，餐廳旁垃圾桶隨便找都有剩餘的食物，取之不盡，雖然髒，但不會吃死人，最多的剩餘食物之處是水果攤販，快爛掉或賣相不好的在晚上收攤都會清理丟到竹簍裡，隨便翻絕對吃不完，祇要你敢，一天吃五餐都沒問題。

如此荒唐流浪方式也非長期之計，後來聰明了，也學些歷練，到處看應徵學徒的紅紙廣告，祇要提供三餐及住宿即可。當學徒是沒薪水的，什麼都幹，這種工作做不成，就換別的工作，三百六十行，我不知做了幾行，後來父親輾轉知道後他罵我流浪子，一年換二十四個老板，我也索性的不想回家了。也許是現代人稱為的叛逆期，兩年的都市流浪生活，餐風露宿街頭的生涯，台中公園不知不覺也像是我的家，學過太陽餅、食品麵包、做醬菜、製麵干、當冰童、書店當送貨員、賣棉花糖、幫人看地攤……等等數十種行業，也許這是宿命，終於皇天不負苦心人，後來在做麵包、蛋糕上做得最久也學得一技之長，開始當起師傅賺薪水，幫忙家計，父親幾年的不認同也終於鬆口，我的流浪生活也告個段落，生活方式獲得改善，撥雲見日。

後穿白汗衫為作者當麵包學徒時模樣，站立者為我恩師兼老闆

軍事洗禮 不一樣的求學過程

　　從小失學，又對讀書有興趣的我，除了上班做麵包外，有空也經常到書店翻書，吸取新知，在一個偶然機會裡，看到牆壁上張貼陸軍士校預備班的招生廣告，我喜出望外，覺得機不可失，又可讀書又享有少許零用錢，這如同天上掉下來的禮物。我迫不及待前往團管區招生處了解，結果方知報考士校資格需滿十八歲及具備初中以上或同等學歷。我失望之餘回到工作崗位，但沒有因此而灰心或失志，相反的我立志明年再來，因為一般初中要讀三年，時間與花費並非我能力所及，利用同等學歷方式應該可以替代，於是我就選擇附近市區一所民間補習班（當時教育部法令是可以認同的），白天工作，晚上去補習，光陰似箭，一年多的努力終於換取初中同等學歷證書，隔年去報考，也順利錄取了。

　　但當年兵源不足，坊間又流傳「好鐵不打釘、好男不當兵」的口號，要到士校，手續上一定要有家長同意書，這時的父親獲知我已報考士校後，除了驚訝、出乎意料，更是大

發雷霆，怒罵我這不孝子，因為家中父親有八個子女，而我又是長子，要幫忙家裡賺錢，現在卻要離開，等於是逃避責任，父親當然不同意蓋章，無論我如何苦苦哀求，也無動於衷。母親在旁看到我如此的堅持，兩眼淚汪汪也幫我向父親求情，雙面夾攻、左右為難，父親在不得已的情況下，終於同意蓋章了，因此我就很快的前往團管區辦理入伍手續。兩個星期後，我離開了我生長的故鄉，前往赤熱的南台灣高雄鳳山。

　　報到那天，父母親沒有送行，我孤伶伶提著簡便的小行李包，黯然的向故鄉揮揮手，勇敢的搭車往指定地點報到，反觀其他同學都有父母親及親友送行。全部集合到齊後，整隊來到豐原火車站，搭上南下高雄的普通列車。沿途的心情當然是錯綜複雜，好不容易終於抵達高雄火車站，來接待的是校方派來的軍用卡車，一路上載我們來到鳳山的陸軍第二士校，附近都是台糖甘蔗田，右側方是陸軍步校，右前方則是陸軍官校，此區屬軍事教育校區。車抵學校大門口，就先來個軍事震憾教育，下了車，行李放在車上，脫掉外衣褲，著內褲匍伏前進到兩百公尺的司令台前，先考驗士兵的耐力和毅力。無論如何辛苦，畢竟這是自己的選擇，只能逆來順

受，無從抱怨，尤其是傍晚時分，每一位同學在理光頭的那一刻，目睹其他同學邊哭邊流淚，不禁悲感交集。

晚餐是三菜一湯，同學大都難以適應這軍隊的硬米飯，但這對我個人而言是在暗地裡偷笑，好豐富呀！因為之前上班所在地，很少吃到如此好的伙食，晚上九點晚點名過後分配的寢室是兩排雙層大木床，我睡上鋪，是硬硬的木板床，眼見其他同學難以入眠抱怨連連，我卻欣喜接受這份事實。本期招生百餘人，來自不同的家庭，各有不同因素，父母親將他們送來接受嚴格的軍事洗禮，只有少數是為了讀書免學費而來。次日豐富的早餐，是我一輩子難忘的，豆漿、饅頭、稀飯、小菜外加一顆雞蛋，這是我人生十八年來最豐富的早餐，或許是軍事教育太損耗體力關係，無論如何，早餐一定要吃的飽，期待的時刻終於來臨，進入教室，發了許多的教科書及軍事講義。

白天訓練課程除了一般學科外，基本教練，野外各種攻擊防禦訓練，晚上自習時間或有其它夜間課程各種武器拆卸使用及實彈射擊，更是我們學習的重頭戲，因為將來我們是部隊最基層幹部，事事以身作則，教導部屬，所以從一般武器，如M1步槍、卡賓槍、衝鋒槍、38式手槍、30、50機

槍、60迫擊砲、90火箭筒、手榴彈、106迫擊砲……等等，
及外島使用的大型戰防砲。演習如同作戰，槍林彈雨，砲聲
隆隆，那踩不平的714高地，走不完的黃埔湖，都留下我的
足跡。配戴防毒面具全副武裝，在毒氣實驗室親身體驗，驚
險的一幕幕都烙印在我少年的心坎裡，十九歲我從士校畢業
了，短短的一年，我從社會無知淺膚的少年，歷練成堅強
剛毅的革命軍人，準備到部隊上接受另一種人生的考驗與
挑戰。

進入士校的學生照片

高登島，我過著沒水沒電的原始生活

　　士校畢業後我被分配到馬祖的第一線高登島，民國五十八年十一月二十日那年我十九歲，首次搭運輸艦離開我生長心愛的台灣，前往戰地馬祖高登。

　　在基隆港用過豐富的晚餐，部隊集合魚貫的登上海軍運輸艦，汽笛長鳴三響後，軍艦緩緩的駛離港口進入台灣海峽，朝向馬祖方向前進。此刻的我，離情依依、百感交集，在心中揮別台灣及雙親，乘風破浪，歷經十八個小時，馬祖北竿的午沙港已遙遙在望，這時艦上警報響起，正式展開緊急一連串登島搶灘演習，聽候指令，由運輸艦轉搭小型的登陸艇，號稱「水鴨子」，然後駛上沙灘上，再急行軍到各自陣地。

　　傍晚六點落日餘暉正美時刻，對岸砲聲隆隆，展開砲宣戰射擊，咻咻從頭頂上飛過，初臨戰地，這種震憾一輩子都忘不了。因海浪太大，能見度不佳，天天起霧，登陸艇無法開往第一線高登島，我們暫時駐在北竿等候天氣好轉再行

動，我也有幸可以到北竿唐歧街逛逛、看看馬祖姑娘，了解當地漁村環境，戰地居民生活。出發的日子來臨了，我們全副武裝，來到橋仔港，登上「水鴨子」，乘風破浪駛向汪洋中的一座荒涼小孤島──馬祖中第一線的高登島，全島面積僅一點八四平方公里，距離大陸只有八千公尺，從海平面望去近在咫尺。此島沒有居民，也沒水沒電，只有高登台觀測站具備柴油發電機，我被分配的卻是高登第一線的第一哨陣地碉堡、孝坡，往後的日子就要居住在坑道內的碉堡了。

　　這裡除了沒有電之外，也沒有瓦斯，煮飯煮菜全是單位配給的煤油，每餐下來鼻子都黑黑的，晚上的照明都是自己花錢買蠟燭，偶而也會到海邊偷撿大陸沿海飄過來、慰勞我們用麻竹塞滿蠟油的簡易大型蠟燭，很耐用，一小節可以用上好幾天，水則是靠天然雨水匯集在山溝用水泥擋住成小型集水池。當然來這裡首先要學會種菜，養豬，養雞鴨，最多的是養狗，可以幫我們夜間警視，也可以用來宰殺，當肉品一舉兩得（現在覺得好慘忍）。

　　此島屬軍事戰略重地，天晴時用望遠鏡，可清晰看到對岸北交半島上「人民公社」四個大字，及大陸居民活動景

象。島上地形險峻，四周都佈滿鐵絲網及地雷，對外只靠簡易小型的大維港做運補碼頭。來這裡當兵的大部份任務是站衛兵，每天過著驚心膽跳的日子，為了防範對岸水鬼黑夜摸哨，哨兵隨時得瞪大眼睛，眼觀四面、耳聽八方，子彈上膛，手握板機，胸前還得掛上四顆手榴彈，嚴密監視防守，旁邊的水冷式50機槍及57戰防砲瞄準對岸海面，待命而發，草木皆兵。

白天得保養海邊容易生銹的武器裝備及陣地防禦操演，因為我們長年睡在地下雕堡，地道內到處都滲水，通道兩旁佈滿各種武器與彈藥，床鋪則用彈藥空箱墊上草蓆，排洩物得要盛裝起來，當肥料澆菜用。若要加菜更方便，退潮時到海邊撿拾螺絲貝類或挖紫菜、抓魚，因為這屬於我們的「特區」，當地漁民及大陸漁民是不能靠近的，漁獲量絕對可觀。

每逢佳節如過年、中秋、端午，我們的任務是要協助海飄及空飄將一卡車的長壽香煙、肉粽、中秋月餅、綿質內衣褲，外加宣傳單或罐頭，利用海流或風向，用塑膠袋一袋袋灌氣裝好，倒入海中飄向對岸，天氣晴朗時則用汽球空飄給大陸居民使用，達到宣傳目的。兩岸砲宣彈射擊更為默

契，單打雙停，每天傍晚六時單日由對岸發射，雙日則由我方發射，兩岸打的都是砲宣戰，我方打的內容大都是要求對方飛行員起義駕機來歸，將給予黃金重賞；而對岸則是要解放台灣回歸祖國懷抱，這種奇特的烽火戰爭形態是全世界僅有的。有一天傍晚天氣太熱，大夥兒到海邊洗澡，全部赤裸裸的，對岸射擊砲宣彈，正好在我們頭頂上空炸，數千張彩色繽紛的大陸宣傳單灑滿我們全身，如同撒冥紙一般，我們一一撿起往上繳，我也偷藏一本毛語錄，帶回台灣做紀念。

　　春天的高登島滿山的野百合更為壯觀，秋天遍地的野菊花又是不同的美景，山壁上的野當歸是大自然賜給我們的補品。每逢佳節倍思親，尤其是對岸黃歧閩江口，除夕夜或春節舞龍舞獅的歡樂聲，在風平浪靜下，更是悅耳。而我們在第一線則須加強戒備，讓台灣過好年，枕戈待旦草木皆兵。除夕夜更緊張，春節加個小菜算是最奢侈了。這時家書抵萬金，這是外島官兵最期待的，無論是家人或情人，那種感覺真是筆墨難以形容的。夏天颱風或雨季時，海浪大或天候不佳，往往十天或半個月以上，食物運補不繼，狗也宰了、雞也殺光、罐頭及自種蔬菜都吃光了，每天我們站在高崗上，望著大海，期待船來的日子。

這種沒水沒電、又沒居民的島上原始生活，我渡過了兩年半的歲月，終於揮別砲聲隆隆的戰地移防台灣。

筆者（右）與連長攝於高登島

生命沒有明天　生死一線間

　　這不是電影情節，更不是小說，是活生生發生在我身上的事實。日記中明白的記載著民國五十九年十月三日，這天是我有生以來首次聽到長官要殺我，讓我看不到明天的威脅，仿佛晴天霹靂。昨晚班長心情欠佳，又酗酒，口口聲聲對著全班弟兄說非殺死我不可，一定要殺死我，不然他不姓張，罵我操控全班，領導統御凌駕他之上。

　　因為他是老班長，而我是年輕士校剛畢業的副班長，雖然他是山東籍，個頭非常高大，但每次喝酒不是哭就是鬧，如同三歲小孩；而我一向煙酒不沾，保持理性。班兵看在眼裡，對他的的尊重僅在於階級而已，他身為上士班長，而我僅是下士副班長，他經常藉酒裝瘋，鬧到班兵往上呈報，要上級來處理，我也很憤怒，申請調班，但副連長及各駐地負責人及他的同袍都蒞臨努力規勸，同情他的際遇，要他鎮靜，不要再酗酒鬧事，搞到全班雞犬不寧。

　　但他卻更口出惡言，要用機關槍掃射弟兄，無論是有

意或無意，這種恩怨相信積壓心底很久，冰凍三尺非一日之寒，酒後吐真言，使班兵每天活在恐怖緊張、充滿危機的狀態下。此刻我也警惕自己並非貪生怕死，而是對不起國家栽培我，身為革命軍人，死的要有價值，全天的氣氛如同生死線上掙扎，當晚午夜，為了保護自己及班弟兄，手槍子彈上膛在身邊，他要我死，我也要與他同歸於盡，避免他再槍殺其他無辜的班兵，所以才採取不得已的極端措施，我把手榴彈插銷拔出，左手緊握，不敢放鬆，躲在棉被冷汗已濕透手心，但還堅持保持冷靜。

深夜十一點五十五分例行查哨時間已經到，坑道那端班長的腳步聲步步離我越來越近，度秒如年，緊張到心將跳出來一般，有一瞬間他好像真的要採取行動了，用手電筒晃來晃去、找尋我睡的位置。此時我還清醒地躲在棉被裡，聽其動靜，全身緊繃，精神快要崩潰，只要他先開槍打死我、我手中手榴彈一鬆開就爆炸，兩人必死無疑。或許老天有眼，天無絕人之路，班長兩分鐘的尋找，也許改變主意，面臨死亡前的掙扎、而軟化魯莽行為，慢慢的腳步聲又離我而遠去。

天啊！頓時我急忙找手榴彈安全插銷，但過度緊張遍尋不著，理智告訴我，在這關鍵時刻勢必要將保險插回，三分

鐘後終於找到了，慢慢謹慎插回，憑感覺暗中檢視，確定無誤才將手鬆開，有驚無險，一場驚天動地的新聞與災難沒發生，血氣方剛，生死一線間，昨夜發生的一切，哨兵已往上報，今早遭長官訓誡一番，分別記大過，班長也調離本班，有驚無險，真是不幸中的大幸，否則一失足成千古恨，遺憾終身。

部隊擔任副班長職務

誤踩地雷　死裡逃生

　　清晨四點，大地一片沉寂，出名的馬祖霧還是那麼的濃，瀰漫在整個海平面。環繞四周，白茫茫一片，伸手不見五指，忽然遠處傳來漁船的馬達聲，劃破寧靜的夜空，聲音越來越近。因為能見度太差，看不到對方，又深怕對岸匪軍趁機摸哨或突擊，這時衛兵發起緊急訊號，頓時全班弟兄全副武裝進入陣地，身為班長的我馬上採取應變措施，除了用擴音器喊話以外，還對空鳴槍警告他們勿越海峽中界線，但他們還是不聽，而且聲音已越來越近，我馬上要求班兵動用機槍，在不同方向掃射驅離（因為上級有規定不能將漁民打死）。

　　一分鐘後，他們的漁船已停靠在我們面前小暗礁旁，瞬間我指揮班兵監視，另兩人跟我上船搜索，查看是否有魚目混珠走私或偽裝份子，命令八位漁民全部站在船艙上，雙手抱頭，不能有任何動作，我們攜帶衝鋒槍，進入船艙內一一搜尋，了解他們沒有其他特殊動機，祇是霧太大迷航，我們

做了筆錄後，割斷纜繩，令他們回航，但他們又不走，這時已經是早上七點了，看到他們每位很可憐似的，我馬上叫班兵將我們準備好的早餐全部給他們吃，包括狼犬早餐食材，全部一掃而空，臨走我們還送香煙罐頭給他們，他們也道謝而後離去，事情總算處理完畢，但已延誤到今天重要任務的進行。

所謂的重要任務，就是要清點荒山遍野的雷區位置及數量，因為前天隔壁班的班兵為割草曬乾蒸饅頭，而誤踩地雷，被炸得粉身碎骨，血肉模糊，我也現場幫忙事後，在滿是蘆葦的草叢裡，一塊塊的撿拾，真是觸目驚心，慘不忍睹，然後又一塊塊的拼湊，但遺憾的是還有一只手掌沒找到，就這樣我們用空彈藥箱裝好埋葬在山間小台地，希望他在天之靈得到安息。單位也通知家屬其因公殉職，天下父母心，相信他的父母也難以接受這個事實，人命關天，就因為如此，上級下達緊急命令，要我們三天後劃出雷區正確位置圖及詳細數量，軍令如山，前天剛發生爆炸，今天弟兄都沒人敢去，最後連長以身作則，率領排長及我三人一行親赴雷區，心有餘悸的我，以服從為天職，任勞任怨，非常謹慎一一與圖面核對，分秒都忐忑不安，忽然「轟」的一聲，我就趴在地上直覺中告訴我「死了」，不醒人事。

　　不知不覺三分鐘過後，爬起來一看，連長、排長還有我臉上都發紫了，不知所以然，經驗老道的連長從剛才草地上掉落的雷體，察覺發現沒爆炸，是因為年久失靈，連長走在最前面，草長太高，而地雷信管祇露出地面十公分而已，不小心踩到，信管引燃瞬間點火將雷體衝向空中爆炸，也因它年久失靈，雷體沒引爆，鬼門關走一遭，奇蹟式的活下來是不幸中的大幸。連長即時命令停止作業，感謝老天爺，我又再度把命撿回來了，事過境遷，如今回想起前英國王妃戴安娜感受了戰爭殘酷與無情，戰場到處佈滿泯滅人類的雷區，為了彰顯人道關係，樹立典範，致力推廣世界掃雷活動及反地雷宣言，頓時掃雷計劃成為國際焦點。

部隊擔任班長職務

炸彈麵包　　創業唯艱

　　演習如同作戰，因為演習，讓我的退伍日順延，基地測驗從台中清泉崗出發，經彰化、嘉義、台南，沿途邊演習、邊訓練及測驗，全副武裝，有時戴防毒面具汗流浹背，越過山頭，睡在溪邊，一個星期的戰鬥考驗，也告段落，終於退伍了。

　　正式告別四年的軍旅生涯，沒有餞行，也沒歡送，一個人孤苦伶仃提著小行李袋，從台南演習的山區，搭車回到久別的故鄉，是惶恐也是焦急，退伍了，不知要做什麼？上班沒學歷，又沒證照，當然不可能。投資、技術、地點又是個大難題，前途茫茫，百感交集，經過三天的沉思與評估，決定選擇創業這個途徑，知易行難，我哪來的資金，又要在哪裡創業，一連串的問題一一浮現。好不容易首次跟嚴肅的父親溝通，正面談起投資創業的計劃，也坦白說出自已擁有的存款，四年軍旅生涯省吃儉用，存款共有四萬多元，準備投資開設小型麵包店，預估購買電烤箱，攪拌機，蛋糕機及

週邊蒸氣設備,共需七萬多元,不足三萬元須向父親借貸,地點當然不可能選在都市,那裡我沒有足夠的錢付房租及押金,所以選擇在自己山上故鄉路邊小站牌旁設店。

當然父親對地方再熟悉不過,方圓不到二公里,住戶不到五十戶,誰來消費,對地點選擇存在很大的意見,左思右想,也沒想出替代方案,就這樣塵埃落定,父親也首次成全我,勉為其難,協助籌備事宜,地點也就在故鄉路牌邊,店租每月五斗米計價,千頭萬緒、錯綜複雜,萬事起頭難,開始訂購器材設備,一方面到前老板店裡再熟悉技術,就這樣草草開業了。

很不幸理想與現實差了一大段,營業一個月下來,每日平均營業額不到一百元,又要房租,又要水電,更需要生產成本,自己不算工資,信心幾乎都被打敗了,父親也開始有怨言,怪我錯估市場,選錯地點,如今也無奈,現實是殘酷的。有一天我的同業競爭對手來我這裡看一下我的設備,再看我的生產量,譏笑我說我做兩個月也沒他做一天的多,事實也如此,當時我除了慚愧之外也覺悟了,如夢初醒,一席話更是激勵我的原動力,產品一定要走出去,批發到其他雜貨店代賣,這樣量才會多,薄利多銷。

　　因為對手是知名老店，因本地又屬山區，橫貫公路台八線，大部份為原住民部落，他每兩天用廂型車載著麵包及其他食品沿路配送，麵包的新鮮度當然會有折扣，而我卻在附近五公里內，因沒有其他交通工具，踩自行車早晚各一趟批發新鮮麵包，相對的也影響他的生意，常常發生爭執。商場如戰場，客家人不服輸的情況下，我也分期購買一部舊摩托車，把貨架加大，天天配送，更把線路延伸到十七公里外的谷關風景區，沿途商店、學校福利社、部隊管區福利站，都賣起我們生產的麵包蛋糕，生意明顯起色，如同撥雲見日一般。我一不作二不休，乾脆再買一部二手廂型車跑的更遠，載的更多，生意蒸蒸日上，本來店租的小場地現也不敷使用，於是又把對面兩層寬的大樓房全租下來，增加設備及員工，仿佛一座小型食品工廠，每天生產大量麵包及蛋糕，供應沿途所有店家，於是這個麵包市場已被我佔有，對手也結束營業，搬到其他地區了。

　　當時山區最流行也是銷售量最多的一種麵包叫做橄欖麵包，兩頭尖尖，用蛋皮奶油做成，內餡為椰子奶酥，外皮酥脆，吃起來口感很好，因為我軍中這麼多年，麵包的形狀跟炸彈雷同，後來取名「炸彈麵包」，採用簡單趣味的名字卻

大發利市，供不應求，小孩大人都指定要買「炸彈麵包」，尤其是部隊訓練中心福利社，需求量更大，阿兵哥受訓肚子餓，吃一個剛剛好，營養豐富又可止餓，就這樣，「炸彈麵包」名聲遠播，成為最夯當紅的炸子雞，因此也小賺一番，二十五歲那年，我是第一位在故鄉蓋起一棟四層樓房，受到地方父老的認同與肯定，父親終於也鬆了一口氣。

婚紗影樓　枯木逢春

　　人生的目標是多元的，慾望更是無止境的，一步一腳印，如今有了房子、妻子、兒子，正在為銀子打拼時，事業正蒸蒸日上，擴大版圖之際，一紙公文橫禍將毀滅我奮鬥的成果，因為佔有我的營業額一半以上的最大宗客戶，就是軍方部隊及訓練中心福利站，當時的退輔會由榮民成立一家××食品廠，進軍所有軍方福利社，採取公開招標方式（之前是議價），而且須有食品工廠登記證才有資格承標。我的食品行是克難成軍，從無到有，證照沒有、資格也喪失，就這樣從高峰跌到谷底，或許也是風水輪流轉，以前佔領別人的市場，如今又要拱手讓人，老天爺也真會開玩笑，但現實就是現實，也無法逃避。

　　常言道「危機就是轉機」，面對這突來的衝擊，對我整個事業的影響實在是太大了，這房子及擴充機器與設備，要如何處理？何去何從？我站在十字路口徘徊，後來決定發揮軍人本色，大風大浪都遇過了，還是要勇敢的站起來面對。

軍人除了生孩子不會以外，其他都可以學，他山之石也可以攻錯；因為做食品麵包是我以前所學的技術，是退伍下來為了創業糊口、誤打誤中才小有成就，但並非我的興趣，雖然有賺錢，但做的也非常辛苦。浩瀚的大海應該有我靠岸的港灣，再長的隧道總會有出口。

早期我對攝影非常有興趣，但又買不起相機，因此在軍中時，常和班兵借來拍照，那也是一般簡單的雙眼相機，但興趣歸興趣，無法拿來當飯吃，隔行如隔山，如何實現夢想，在麵包食品無法繼續營運下去時，我採取斷然措施把樓房賣掉，從鄉下搬到大台北新莊丹鳳地區買一棟二層樓房，以分期付款方式找個立身之處再出發，大膽的試換跑道，頂下一間二手的攝影器材、搬到自家中，克難開業，為了生活邊學習、邊營業，利用角落小廁所當成暗房，簡易的工作台、放大鏡、顯影、定影的藥水像阿摩尼亞的臭味撲鼻。初次放大遺照，嚇的我魂不附體，黑漆漆的暗房裡只有豆點大的小紅色燈光，相紙感光後，慢慢在顯影藥水中浮現，鬼影幢幢，生平第一遭，現在想起來真是恐怖死了，匆忙開業，技術欠成熟，常遭消費者抱怨，痛定思痛，為了更上一層樓，我不辭辛苦，天天到台北市區一家知名攝影訓練班取

經學藝，皇天不負苦心人，從外行走入內行，自己也竟然大膽開起小型彩色手工放大訓練班，對外招生。

為了生活，像吃了豹膽似的，有模有樣，大量販售手工彩色放大機，8m厘及16米厘放映機，有聲、無聲一應俱全，銷售成績不差，也闖出名號。結果又在關鍵時刻，大兒子因氣喘，天天要看醫生、拿藥打針。兒子是父母心頭肉，不忍心看他受折磨，因為內人認為鄉下出生的小孩到都市或許水土不服才會感染疾病，堅持要回到鄉下。天啊！我播種、施肥、等待收割，從鄉下來到這大都會區，現在又要從都市回到鄉下，這種思維我難以接受，何況在大台北地區已建立一個可以創業的小基地，這是非常不容易的。

經過思考，為了下一代，我真的犧牲都會生涯，而且內人很快就先行將孩子帶回故鄉了，這時我已經是兩個兒子的父親了，來台北闖蕩江湖，人生地不熟，吃了無數的苦頭也受過無盡的折磨，正要開花結果，也別無選擇。收拾善後，再度將房子轉讓，正式揮別繁華的都市，回到鄉下，但這次不是在故鄉，而是在鄰近的東勢鎮市區中心，車站旁地點最好，房價最高，初期開幕虧損連連，因為知名的老店在我的正對面，時時刻刻不能掉以輕心，長期抗戰是勞命又傷財

的，不如將市場區隔。他做的是傳統照相館，已具備潛在的基本客戶，而我因應時代潮流爭取年輕客戶群，朝向摩登時髦的婚紗攝影。

透過媒體及各種管道宣傳，非常奏效，再加上不惜重金投資當時最受歡迎的彩色快速沖印四十分鐘交件，經過五年生意上的廝殺與纏鬥，每天營業十五小時以上，展現客家人刻苦耐勞的精神，對手終於精疲力盡，勞祿過度也往生了，更結束他半個世紀擁有的名望及產業。相對的我更兢兢業業，以科技化、現代化結合，生意明顯起色，也扮演區域性行業中心的龍頭地位，擔任公會的理事常務監事等職責，也兼攝影比賽的評審。時代在進步，汰舊換新，我採用世界最尖端的數位沖印系統，觸角延伸到豐原市設分店，由二子掌舵，總店由長子負責，我們夫妻接受公司招待，旅遊世界二十多個大國家及百餘座大城市，我也開始有足夠自己的時間，到國外進修及遊學，也到大陸參訪研習，之前也在大陸投資，三十年的婚紗攝影生涯，拍過數千對浪漫幸福的新人，也拍出無數少女青春不留白的寫真集，更拍過一國之尊總統地方巡視的團體照。

非都會區除了品質，照相館外觀裝修也要講究

與百歲人瑞國際攝影大師郎靜山合影

永續經營須經常辦活動吸引愛好攝影人士

火葬場的常客　生命有不同的註解

　　婚喪喜慶，現場錄影，台灣走透透，因職業關係，為了拍攝喪禮，經常進出火葬場，人生的生老病死，無論是高官政商名流，或者是三教九流、販夫走卒，無論是帥哥或美女、男女老少，最終也就是骨灰一罈。故人生大可不必計較，只要還能呼吸，努力創造被利用的價值就好。

　　傳統的習俗，亡者在黃道吉時都要正式盛裝入殮，我為莊嚴的使命及家屬的囑託，都必須拍攝亡者最後遺容的特寫，目睹家屬的哀號與不捨，呼天搶地，為的是瞻仰遺容最後一面，因為錄影強光，我的影子也與無數亡魂合葬，漫長的攝影生涯，越過多少公墓與山頭，踩過多少舊墳與新穴，尤其是拍攝土葬掩埋的那一刻，要敲掉棺木的底栓，瞬間噴出的屍臭氣，幾乎讓人窒息。為了拍攝完整過程畫面，從掩土到立墓碑，鏡頭慢慢淡出，才告終結。

　　六十年代地方派出所尚未分配照相機，每逢命案事件或車禍現場，除了警察人員先到場外，身為攝影師的我也會

被警方通知共赴事故現場，做拍攝存證工作，否則不能移動，無論臉中長滿蛆的浮屍，或者車輪底下身首分離、血肉模糊的屍體，腦漿四溢的學童頭顱，兩顆眼珠凸出死不瞑目慘不忍睹，遊覽車翻落懸崖，數十條生命的掙扎，肢體粉身碎骨，樹枝穿破肚腸，血淋淋倒掛在山崖或岩石上，觸目驚心；最常見的是駕駛被突來的衝撞、玻璃的破碎，被方向盤卡死，事後還要協助警方或義警消共同拖出來處理善後；最難看的就是喝農藥自殺的遺體，全身發黑，還有那沒有血肉泯滅人性、天理難容的分屍案，簡直不把人看待。筆者在此奉勸不尊重生命及想折斷生命曲線的大大，有時間，多到醫院急診室或殯儀館走走看，那你就會找到生命價值的答案。

廟會進香，台灣走透透

為拍攝喜慶而特別訂製花轎

拍攝李前總統登輝下鄉巡視

為星雲大師錄製佛緣節目

大世界毀了　我逃亡越南

　　為了圓人生大夢，實現自己理想，我不惜重資、千辛萬苦，一步一腳印在自己的故鄉和平鄉，創建一座以教育為主、娛樂為輔的「大世界花園城」，佔地面積五千八百坪，座落於東西橫貫公路台八線十六公里處、和平國中前，結合當地生態與世界特有地標縮小版為一體，讓遊客有山光水色逍遙遊、寓教於樂天下景的知性之旅。

　　生意人的頭腦總是走在政策的最前面，七十年代初期，台灣各式各樣小型遊樂區如雨後春筍般充斥每個角落，也帶動地方繁榮及提供很多的就業機會。「無煙囪工業」政策口號響徹雲霄，那時我也沒缺席，從購地、整地、建造、佈置到營運，大費周章，事必躬親，皇天不負苦心人，也開花結果。

　　步入園區看到一棟哥德式行政管理中心，進入眼簾的是雄偉佈滿景觀圖案的大門，縮小版的自由女神、巴黎鐵塔、阿拉伯城堡、荷蘭風車、丹麥美人魚，利用水流落差仿義大

利千泉⋯⋯等景點，讓遊客了解國內外藝術建築、教育文化
演變軌跡，擴大知識領域，提升休閒品質；更重要的是有座
仿迪士尼造型的展覽館，展出各種奇石怪木，天然的十二生
肖，珍貴的貝殼化石，還有價值千萬的中國大陸及台灣版圖
像秋海棠的怪石，獲得媒體採訪報導，電視台、報章雜誌披
露，深獲好評，遊客如織，台灣省政府自強活動、北市警界
分批參訪、救國團各項活動、學術界聯誼、學生的課外教
學⋯⋯等等。

　　隨著大批人潮的擁入，二期工程進行之際，卻遭人匿
名檢舉，投訴製造噪音，影響學生上課安寧，縣政府有關單
位蒞臨徹查，說我違反山地保育條例，破壞水土保持，須拆
除違建。聽了簡直晴天霹靂，真是咬文嚼字，我不但沒破
壞，相反到處種樹綠化，綠草如茵，何來之破壞？只不過
是字義上解讀不同而已，「拆除這大違建」的公文來往耗時
半年，陳情書文來文去，結果還是難逃拆除的命運，記得執
行拆除的那一天，相關單位載來兩部車的人馬與機具，如同
死刑犯驗明正身的仔細核對文號，確定無誤，要我簽名，備
感無奈。隊長的一聲命下，開始拆除，電鋸聲幾乎鋸爆我的
心腸，美麗的景觀成了廢墟，斷垣殘壁、滿目瘡痍，老天爺

也開始下起雨來，彷彿不捨地幫我掉眼淚，一切的希望成泡影，所有的投資也全泡湯了，以往我一向是男子漢大丈夫，也是勇者的畫像，如今因觸及山地行政法令，冒然投資，自食惡果，能向誰訴苦？我哭泣、我落淚、我⋯⋯。

　　此地不留人，他處自有留人處，百感交集，我收拾淚水，前往了越南。當時兩國尚未直航，我搭機飛往泰國曼谷，再轉往越南新山機場，抵達胡志明市到經濟辦事處，索取資料含淚尋找春天。

克難開工，實踐夢想

荒山野地打造人間樂園

省政府自強觀摩活動

救國團經常在園區主辦年輕人各項活動

炎炎夏日來至崑崙山脈山泉戲水最受歡迎

台北市警察局自強活動

每日來自台灣各地的觀光客絡繹不絕

戶外教學知性之旅師生留下美麗的回憶

迪士尼童話般可愛的多功能展覽館

「山光水色逍遙遊，寓教於樂天下景」，氣勢雄偉的大門

深圳、珠海、汕頭、廈門特區考察

　　民國七十九年的三月，春暖花開的季節，台灣績優企業投資考察團，由香港台灣貿易協進會主席丁楷恩領軍，團長為大陸商報社長劉興武、副團長為巨東建設集團總裁李金龍，率領各行業的主管、總經理及核心幹部數十名，浩浩盪盪從中正機場出發，經香港再赴深圳經濟特區考察。因團員都是來自台灣企業的精英，接待單位特別慎重，安排最新兩層氣墊式遊覽車在羅湖關閘禮遇通關，無論住宿、用餐、參訪都以尊貴VIP服務，首次親踩神州大地，情不自禁的感慨，這四十年來兩岸走的如此遙遠及漫長，以往每次到香港，我都到新界哨所制高點瞭望，但這次是光明正大接受中國相關單位禮遇接待，感受截然不同。

　　深圳的發展不同於內地，因為特區擁有自主的權限，加上中央政策的協助，正在創造前進的城市，廣九鐵路也在深圳設大站，我初識的深圳已有東南亞大城市的規模，交通四通八達，到處矗立的高樓、整齊的市容、花團錦簇的公園。

聽取簡報後，首站參觀福田工業區，也參觀華廈園區，因為與香港僅隔著深圳河，又位於高速公路交流道旁，特別引起團員的興趣，一一詢問價格後，而且現已經達到「七通一平」的進度。「錦繡中華」佔地三十公頃，比台灣的小人國大三倍，一眼可以望盡五千年的華夏文物，一日可以遊覽萬里大好河山，致力於貿易的華僑城，也是我們參觀的重點，本團也有幸成為當地一間全新開幕的大飯店所接待的第一批賓客，享受各種親切服務，有賓至如歸之感。

第二站來到珠海經濟特區，我們是從深圳搭船到珠海市，船行約四十五分鐘，當晚下榻美麗的珠海渡假村。濱臨珠江的小海域，地理環境依山傍海，秀麗的天然景觀，在大陸許多大城市中，它環境綠化做得非常好，它與澳門也僅有一閘之隔，招來大批港澳人士渡假旅遊。當時市府的觀迎晚宴設在銀都大酒店頂樓，它是當時珠海市檔次最高、設備最豪華的大飯店，由珠海市梁市長廣大設宴款待考察團，在致歡迎詞上也了解梁市長的魄力，在有限的資源上，不惜向外貸款，拓寬馬路，美化市容，大力投資興建國際級大飯店與渡假村，呈現欣欣向榮樣貌

稍後由副市長及特區管委會陪同參觀珠海高級俱樂部，

到市政廳了解移山填海的重大工程建設，九洲深水碼頭，珍珠樂園，拱北旅遊投資，及香洲、南山北山嶺等工業區及國際貿易展覽中心。我們也前往國父出生地翠亨村及中山紀念館，及參觀中山港港口建設，午宴設在中山國際大酒店，大紅布條斗大的金黃字幕上寫著「歡迎來自台灣績優企業團」。當時兩岸的交往剛拉開序幕，那種榮耀時刻，自然流露出來。午宴開始的排場與節目用盡巧思，在充滿金碧輝煌又帶有古色古香的典雅裝璜裡，舞龍舞獅的獻瑞，服務生全部七仙女裝扮，全場用乾冰、香霧瀰漫，滿室鮮花佈局，頓時燈光昏黃微弱，七仙女端上每桌一隻烤乳豬，香脆的外皮，加上眼珠的小燈炮，閃閃發光，那種氣氛的營造讓人嘆為觀止，大龍蝦的盤飾，點綴得栩栩如生。服務生身穿旗袍、帶著長白手套，用竹籃裝滿蘭花及活跳跳的大河蝦，現場表演製作成特殊美味可口的醉蝦……讓所有團員幾乎忘了台上還有精彩節目的表演，身歷其境，感受以前帝王的享受，大概也不過如此。

　　佛山是一座歷史悠久的古城，古代稱之為「禪城」，是廣東省繼深圳之後的第二大工業城市，也是石灣陶的發源地，更是黃飛鴻的故鄉，及武打巨星葉問、李小龍的祖籍地

（當初筆者沒料到後來我會在此投資居住五年）。大清早我們來到古意盎然的佛山祖廟，因為時間太早，祖廟尚未開放，透過相關單位的聯繫，我們又以「特權」的身份先行進入參觀，在沒有其他遊客下盡情做一次古廟豐富巡禮。

來去匆匆，又從廣州白雲機場搭機前往廈門及汕頭經濟特區考察，到各區管委會聽取簡報後，在迎送的酒會上獲得相當豐富的資訊，及接受貴賓級的接待，參觀汕頭華僑公園、台商投資工業區，同時也到香港企業家李嘉誠為故鄉捐獻的汕頭大學參觀，了解企業家對社會的一種使命。汕頭一切都還在建設中，想必將來也有亮麗成績呈現。

而廈門的經濟區是在1981年十月動工興建的，後來國務院又批准海滄、杏林、集美為台商投資區及成立象嶼保稅區，實現多層次全方位格局，並與世界百餘國發展經貿關係。廈門的高崎機場投資設備也相當完善，也是華東地區主要航空樞紐，廈門港更是中國十大港口之一，擁有近百座的碼頭，也是距離台灣最近的城市，僅隔著台灣海峽，近年來在兩岸貿易往來及文化交流扮演很重要的角色，努力打造現代化，把廈門建設成為國際港口及觀光旅遊風景城市。

一趟豐富考察之旅在政府官員歡送下，畫下美好的句點。

台灣工商界投資考察團聽取當地政府簡報

參加廣東對外經濟洽談會議

參觀汕頭經濟特區，當地政府提供台商投資區

珠海市長梁廣大熱忱款宴台灣工商界考察團

拜會廣東省政府　參觀廣交會

　　話說台商大陸經貿考察團，離開南方的珠玉、千名古城佛山後，從佛山到廣洲，這段路程我們是走廣佛高速公路。由於時間關係，不及趕上廣交會開幕典禮，但是比參加開幕更有意義的是廣東省副省長于飛將在廣東省人民政府貴賓廳接見全體團員。我們一行於四月十五日上午十點搭專車直達廣東省人民政府，因省長有事外出，由副省長于飛率領政府官員熱情親切的站在貴賓室門口，和每位團員一一握手，並以茶會款待，同時副省長也代表省長表達歡迎之意，緊接著介紹廣東省的概況，廣東省隸屬中國沿海最南的一個省，占地面積十七點八五萬平方公里，比台灣大約五倍，人口約八千萬，省會是在廣洲市，從活潑生動的簡報中，看出他們努力建設的各項成果，及如何引進外資投資的項目，從中了解他們從經驗中磨練出一套規則，如何創造良好的投資環境，達到雙贏策略，提昇水準，尤其是台胞證問題以現有的一次使用改為多次簽發，還有許多投資細節問題，都獲得

有關部門完整的解答，賓主盡歡，拜會活動也在官員一一送行後珍重再見。我們也到國父紀念館參觀，同時前往黃花崗七十二烈士陵，「留取丹心照汗青」，因時間關係，沒有詳細或深入了解（事隔多年後，筆者為了資料收集又再度來過這碧血黃花、浩氣長存的烈士之陵）。

　　為了了解廣交會的性質及增加見聞，我們參觀了廣交會。所謂的「廣交會」，它是一個大型中國出口商品展覽的櫥窗，一年舉辦兩次，分別為春交會與秋交會，地點設在廣州市，由中國貿易公司提供非常完整的資料與訊息，讓全世界貿易商或買家有良好的洽談環境，促使能達到交易驚人的亮眼成績。

　　這趟廣州行大開眼界，除了享受尊榮與禮遇之外，又是一個多采多姿豐富之旅。

隆重的廣交會將中國產品推向國際

東海大學　我當了班代

　　歲月苦短，學海無涯。我經商之餘，不忘進修，在生意逐漸穩定之餘，為了充實自已，也利用時間填補學識上的不足。因為從小生命坎坷，小學畢業後無法像其他同學有正規學校學習的空間，一路走來，所有求學都藉半工半讀或在軍事學校參加隨營補習方式而取得的同等學歷證書，現在又想到大學尋求更多的知識，同時也想在自己的行業上得到更高一層的管理技巧。在東海大學企研所內設立的企業管理師研究班級修學分，相對的校方也規定入學考試資格必須是高中畢業或同等學歷，就這樣我在軍中取得的高中同等學歷證書又可以發揮它的證明文件功能，幸運的我又有機會到大學裡面就讀，感受短暫的大學生涯，更慶幸的是獲得全班同學的推選，當上班代，也由兩位副代協助我，在同學的合作之下，完成學習整個課程。

　　從春暖花開的相聚，同學們強烈的求知慾，不辭辛勞犧牲寶貴的假日及與家人團聚的時光，為了明日的卓越而努

力，其精神可敬可佩，相聚的時光總覺得短暫與美好，當冬盡春又來的時刻，又將分手各奔前程。過程中同學都感謝校方策劃禮聘國內名學者與專家，提供充裕的教材及釋放出他們畢生所學的智慧，傳授給同學，讓我們學習與成長，雖然是一寒暑的進修，同學卻獲益良多，在結業典禮上，我也上台代表同學接受結業證書與學分證書。結業會餐席設東海漁村，東海大學院校長大年也蒞臨會場，訓勉及共享豐盛的結業惜別宴，我與兩位副班代及考試優秀成績的前三名同學與校長同桌，感受到他的親和力及致力東海大學的努力，向國際接軌，邁向燦爛的明天，走向成功之路。離情依依互道珍重，各奔前程。

東海大學管理學院沈院長與學員幹部合影留念

班代與兩位副班代向學員一一敬酒

班代表羅濟貴代表學員接受東海大學企管班結業證書及學分證明

東海大學院大年（右）與學員共進午餐

神州萬里行　再見海南島

　　讀萬卷書，不如行萬里路，中國地大物博，擁有五千年的歷史文化，也孕育出無數的名勝與古蹟，在九百六十萬平方公里的土地上，我想對各地不同的風景與名勝有更深一層的認識，更為自己的事業、觸角延伸到祖國內陸，建立版圖成立基地當跳板，圓自己的夢與企圖心，給自己挑戰，立志在廣東省賺錢，然後藉此走向中國、行遍神州大地。

　　為建立灘頭堡，我先後在廣東省古城的佛山市及科技大城的順德市分別開了婚紗影樓，兩家都設在城市中心，也因為是台資企業，曾受到政府的重視與關懷，也配合當地政府民政局協辦大型隆重集體婚禮，場面浩大，受到消費者的肯定與歡迎，更接受許多媒體的採訪報導，同時也上了地方新聞頭版。九二一台灣大地震後，出現變化，才將大陸事業版圖轉讓給香港及大陸同業經營，在大陸五年期間，藉著「閱讀旅行、旅行閱讀」方式走遍大江南北、五湖四海，從文明的沿海珠江三角洲、北京、上海，直到邊疆內陸的甘肅、寧

夏、陝西，也從新疆到黑龍江、松花江、浙江、黃浦江、錢塘江、湛江。從后窄門小學到北大、清華、復旦、天津、南京、西安各大學、萬里長城、中山陵、少林寺、黃帝陵、深圳、珠海、汕頭、海南及廈門經濟特區……等等，也留下回憶足跡，尤其是海南島，我是從廣東省的拱北搭大型長途巴士經湛江，而大巴直接開上往海口的渡輪直達海南島的海口。

　　海南島是中國第一大島，面積三十二點一九八萬平方公里，人口約八百萬，面積比台灣小一點，在一九九八年編為海南經濟特區，放眼望去到處種植椰子樹，充滿南國風情，華麗的市容，純樸的民風，也讓我留下美麗的回憶。

早期搭乘華澳輪展開神州之旅

海南島充滿南國風情，民風純樸

客家尋根　梅縣大埔去來

　　飲水思源，為了了解客家大埔音的發源地，我展開尋根
之旅，一睹大埔風情的廬山真面目，同時也為體驗不同的交
通工具，去程決定搭長途大巴，回程將以火車替代，感受不
同的沿途景觀面貌。這種日以繼夜專跑長途、提供臥鋪的大
型巴士，每部車上都有兩位司機二十四小時輪流不停地奔馳
城市與郊區，翻山越嶺，從數百公里到數千公里。早期車上
是沒有設洗手間的，祇要是在行車期間如遇用餐，就停靠路
邊的休息站或餐廳，旅客自行選擇用餐或借用洗手間。傳統
的長途大巴分上下層兩人一床，後來改每人一床，根據車票
號碼，對號入臥（因為沒有座位，只有鋪位）。車票也經車
長整理後，知道哪位遊客到什麼站下車，怕夜間睡過頭，這
時車長有責任到站前十五分鐘叫醒旅客準備行李下車，且不
能驚醒左右旅客。晚上十點過後旅客不准聊天，關燈後，車
長得監視車內行李，防範調包或偷竊。

　　這種交通服務方式對我這種來自台灣的旅客覺得新鮮

與好奇,我單槍匹馬,走遍大江南北,親身體驗不同的風俗民情。這趟尋根之旅與我同鋪的竟然是妙齡少女,約十九歲,她在廣州上班,車票號碼是與我同床位(傳統大巴兩人一床)我的年齡已越半百,睡在車上同鋪位,顯得有點不自在,她的感受也應該如此,各自蓋著小毯子,二十分鐘後我主動打開話匣子,突破陌生及年齡藩籬,彼此聊起天來,異鄉說母語客家話,相互覺得更親切,我也藉機了解更多客家相關地方資訊。

沿途都屬山區,種植非常多的柚子,經博羅鎮及河源市終於抵達梅縣,是夜投宿梅縣友誼賓館,次日到附近景點巡禮,然後又從梅縣搭往大埔的班車,沿途群山峻嶺,傳統客家建築或聚落,分布在路旁的山腰或台地,也看到客家最具特色的圍樓和石屋,彷彿又回到自已的故鄉,兩旁秀麗的山光水色,透過鏡頭,成為往後記憶的深藏。不知不覺終於來到思慕以久的大埔,它是位於廣東省梅洲市的東部,北邊與福建省相鄰人口約六十萬,全是說大埔音的客家話,少數也說潮洲話,我也按址找到我之前的員工,現在在大埔開婚紗影樓,抵達店門口,他們全家驚喜萬分,除了親切歡迎我這

遠到的老板蒞臨，豐富的接風及晚宴在所難免，熱烈招待更不在話下，賓主盡歡，也安排飯店住宿。

次日大清早充當導遊，暢遊大埔附近景點，還看到傳統演歌仔戲的歌劇院，保留非常完美，客家文化與歷史古蹟，井然有序的市容，到處都在建設，顯得欣欣向榮，純樸的民風，讓我再度親眼目睹客家人的克勤克儉精神。看到他們客家莊的繁榮與進步，到處充滿前進的活力，反觀故鄉近年來因政治生態的變化，地方建設與民眾的期待有很大的落差，公部門的執行力還有很大的努力空間。

離情依依，互道珍重，豐富尋根知性之旅即將落幕，回程轉搭火車，經汕頭到廣洲，再回到我第二故鄉佛山市。

廣東省梅州市劍英體育館

飲水思源客家尋根（大埔音）廣東省大埔縣

奉化溪口鎮　探訪王太夫人之墓

　　自古山靈水秀，必出英雄豪傑，蔣總統介石就出生在這風光明媚的浙江省奉化縣溪口鎮。

　　為了滿足個人的求知慾與強烈的好奇心，我從台灣搭機飛往澳門，從關閘進入拱北海關，再搭長途大巴抵廣洲白雲機場，然後搭機飛往寧波機場，但萬萬沒想到，飛機延誤，下午兩點四十五分的班機改為晚上八點四十分，這下子有得等了。但出乎預料的是航空公司處理應變措施得當，沒造成亂源與怨言，提供專車分批載往機場旅館休息，兩人一房提供豐富餐飲服務，平息一場因延誤而不滿的爭議，飛機終於在晚上十點四十分起飛了，航空公司為了緩和旅客等待浮躁的情緒，在機上辦康樂活動及抽獎節目，這也是我搭數以百次飛機首次經歷的，圓滿的變應措施，值得其他航空公司因航班延誤的處理借鏡。

　　是夜投宿在寧波雲海賓館，第二天一大早我包了一部計程車直往奉化溪口鎮出發，沿途風光秀麗，綠油油的農村

景色，美不勝收，車上的司機對他們心目中的蔣委員長的歷史身世更瞭如指掌，一一解說敘述，路況駕輕就熟，也抄近路來到墓園山底下。我獨自上山造訪，要他下午五點到總統故居豐鎬房接我就行，但因溝通上的疏失，不曉得是他把我載到另一處登山口的起點，結果我獨自一人背負著沉重的行李，沿著鋪滿鵝卵石的山中小徑，一級一級往上爬，兩旁的松樹古木參天，柳暗花明又一村，在滿目濃翠的森林裡，到處都是烏鴉「呀呀」的淒涼叫聲，頓時我毛骨悚然，心裡上更覺忐忑不安。直覺上告訴我，好像走錯路了，一個外鄉遊子，獨自迷失在高山峻嶺的森林裡，充滿了恐懼感，一來沿途沒看到指標，二來沒有遊客經過，越爬越高，越覺心寒，幸虧我出生鄉下的山上，膽子有點大，不然此時此刻會嚇死人的，一個人來到這幾萬公里外、人生地不熟的深山裡，假如出了小狀況，真的是叫天天不應，叫地地不靈，與世隔絕，家裡更不知我身在何處，因為我習慣作天涯浪子，獨來獨往，家中妻小更不知我的去向。

約四十分鐘的登山已汗流浹背，忽然間遠處傳來人群聲，讓我沉重的心情如同撥雲見日，高興不已，原來才知道司機以為我喜歡以登山方式造訪王太夫人之墓，而走另一處

的登山口較刺激，也具挑戰性，這時我才放下心來享受欣賞週邊景色。因為一般遊客是走這寬大登山階梯，而我剛才走的是羊腸小徑、登山步道，無論如何終於親眼目睹書中的蔣母之墓，面積不大，約二十坪，像個饅頭型的普通墳墓，但最重要的是「蔣母之墓」是國父孫中山先生所題署名孫文，上有「壺範足式」小橫額。觸景傷情，千里迢迢兩眼有點濕潤，心中不覺油然昇起「世事如棋局局新，是非成敗轉頭空，青山依舊在，人生幾度夕陽紅」的感慨……。

千里迢迢探訪蔣母王太夫人之墓

蔣公故居　處理蔣公遺物

　　造訪鍾靈毓秀、地靈人傑的蔣母之墓後，接下來的就是此趟處理蔣公部份遺物的重頭戲。首先我前往奉化溪口風景區管委會，該風景區於一九九六年已被中共國務院列為重點保護區，我因任務在身，首先拜會由當時李主任俊榮，由他接待洽談，了解此次我來的動機與蔣公遺物相關事宜。在彼此的互動中，也體會到對方想獲得此一珍貴遺物，但又礙於兩岸現行法令及文物進出口的規範難於成行，當他看到我攜帶如此豐富資料及證明文件還有那珍貴照片，當時台灣各大媒體大篇幅深入報導，也開記者會讓電子媒體拍攝。

　　話說此珍貴蔣公遺物的來源，是胞弟在北部開設歐式古董收藏及販售，在一個機會裡獲得數十件蔣公遺物，還利用原始的大木箱裝著，內容包羅萬象，蔣公半身銅像，東北巡視穿過、上頭繡蔣中正的呢絨大衣，及宋美齡穿過的貂皮大衣，短槍，配劍，黃埔軍校校長蔣介石使用過的文房四寶，麥克阿帥與何應欽親筆簽名的照片，日俄戰爭手繪戰略

圖，肩章，綁腿珍貴字畫，還有許多不曾曝光的私人生活照片……等等。許多珍貴歷史文物資料，胞弟要我代為處理，所以我才來溪口了解狀況，兩個小時的洽談與研究，因兩岸法令不同，沒有交集因此作罷，後來交回胞弟自己處理，經過幾年，也陸續解決及處理完畢，當時我也順道參觀風景優美的溪口鎮，蔣氏故居豐鎬房、蔣氏書房、文昌閣、蔣經國住家外小禪房、蔣介石出生地、玉泰鹽鋪、溪口博物館、蔣家「中西合璧」武嶺門別墅、妙高台……等景點。

　　回程計程車來接我，從溪口回到寧波，然後我又從寧波搭直通巴士抵達杭洲，杭洲西湖及其它名勝瀏覽過後再搭高級舒適的長途大巴士，從杭洲走滬杭高速公路直達上海。五度的上海之行駕輕就熟，再度見到黃浦江兩岸的美，長江流域經濟建設的快速發展，東方明珠電視塔屹立著，還有那處處散發著濃郁異國情調的外灘，玩不盡的南京西路夜市，遊興未盡匆匆又從上海搭機回廣洲，再到澳門，然後回到中正機場，返回自己溫暖的家。

奉化溪口武領學校

鍾靈毓秀、地靈人傑的溪口蔣故總統故居

媒體採訪有關蔣公遺物之處理

作者敘述大陸經過，台灣各媒體大篇幅深入報導

日本、東京、大阪、四國、德島行

　　櫻花與武士是日本的象徵，櫻花也是日本的國花，細細的枝幹、纖美的花朵，有一種精緻優美的柔感，日本人穿的講究與精緻是舉世有名的，日本的和服層層包裹、繁複無比，襲上寬邊的腰帶也是一種個性與精神的表徵。而它的另一面則是極男性化的武士精神，講究的是忠誠、尚武、質樸與犧牲，在那爭殺奪權的時代，一心為主、拳刀橫眉、為名譽不惜切腹的武士，武士道精神流傳至今還是那麼讓人稱服。我走在東京的街頭，放眼望去，夾街而立的都是千百擁擠的火柴盒式大樓，我們來到東京鐵塔搭乘高速電梯登上觀景塔，環繞四周俯看大地、酒醉燈迷的夜東京，燦爛無比的夜世界，美極了，真讓人陶醉。公司也特地安排住進五星級希爾頓大飯店，感受現代與文明的產物。活潑、年輕充滿浪漫的新宿區，我們也沒錯過。高貴奢靡華麗的銀座區，繁歌華舞也讓我流連忘返，遊覽京都，這座日本的「永恆之城」仿佛讓我走入典雅肅穆的古都煙雨中。

　　大阪是關西的首府，也是日本第二大城市，有「天下之財庫」的美稱，自古以來憑藉著它蓬勃的商業活動帶來地方的繁榮，政府的活力與民眾朝氣的結合，造就如今日本第二都會重要城市。匆忙中遊畢九洲風情，因為這又是公司招待，團員都是攝影業的精英，看盡繁華的城市，當然也要感受鄉下不同的風貌，這也是所有團員的期待，接著前往四國內有鄉村之美的德島旅遊。

　　德島位於日本西南部的四國境內，是一座群山環抱的山區，有得天獨厚自然美景，也擁有獨特的地方文化，前幾年一部日本名片也選擇在這德島祖谷地區拍攝，轟動一時，片名是《村之寫真集》，劇情敘述一位老攝影師，拍出他人生最後的一捲底片與孩子的代溝，不同的思維，但共同的是為大地留下美麗的回憶。因為該地小鎮為了建造水壩，現已消失在地平線了，德島的山光水色成為日本三大秘境之一，曲折離奇的劇情與我個人三十年的攝影生涯有不謀而合之處，過程中展現出生命的熱情，留下山村抒情優美的映畫，洋溢飛揚神采，該舊日美好時光，留下難以忘懷的記憶珍藏。

活潑年輕、充滿浪漫的新宿

日本新東京國際機場

從日本德島機場出發，展開四國鄉村之旅

住宿日本東京希爾頓大飯店

南京前總統府與南京大屠殺紀念館

　　來到歷經六百多年滄桑歷史，坐落在南京市二九二號的「總統府」──現已改為歷史博物館──這也是國父孫中山先生辛亥革命勝利後，於一九一二年元旦在這裡就任中華民國、宣誓臨時大總統辦公的所在地，目前館內展示許多珍貴的照片及文物，館內也有蔣介石與宋美齡的結婚照片。

　　博物館佔地面積有九萬平方米，分成三個參觀區域，中區主要是國民黨政府及總統府所屬機構。而西區是孫中山的臨時大總統辦公室、秘書處、西花園以及參謀本部等。東區主要是行政院和東花園、展出一系列的史料與文獻。該館也保存住完好的近代中西建築遺存，充滿獨一無二的歷史氛圍，也留有原來風景優美的自然環境，讓下一代對歷史文化沿革有更深層的認知。

　　為了探索南京大屠殺的內幕，我們也來到遇難同胞紀念館，該館用大塊大理石版面刻著在一九三七年十二月十三日日軍在攻陷中華民國首都南京後，在南京城區及郊區對無辜

的平民和戰俘進行長達六個月慘無人性的大屠殺戰爭罪行，
死傷人數雖然到目前還眾說紛紜，但依照中國學者考證已達
三十萬人，而遠東國際軍事法庭也認為最少在二十萬人以
上。館內觸目驚心、堆積如山的屍骨，不分男女老少，到處
掛滿歷史見證的圖片及記錄影片，採用極端的手法，利用機
槍掃射和集體活埋方式，手段極其殘忍，這也是歷史上千真
萬確的恐怖災難事件。

　　緩和一下歷史的悲痛，專車載我們來到江蘇省重點名校
南京醫科大學，由校長親自為我們做簡報，他發揮能言善道
的學術專才，領導著醫學邁進與科技結合的大學，體制建全
且龐大，擁有十三個二級學院及三所直屬醫院，還有分布各
地十一所非直屬醫院，外加三十三所教學醫院，多次深獲國
家級優秀教學成果等諸多殊榮。在改革開放以後，南京醫大
開展了廣泛對外交流合作，與美國、日本、加拿大、法國、
德國、英國、奧地利、俄羅斯、印度及澳大利亞……等國家
和地區的醫學教育，建立雙邊合作與學術交流，為科技醫學
教育邁向更高的里程碑。

　　南京市政府也為我們來自台灣大學生中華文化研習營，
舉行盛大歡迎晚宴，席設南京著名的貴賓樓，由副市長許慧

玲致歡迎詞及各級領導的訓勉，大會由南京大學學生表演精彩節目，數十道精製風味餐，賓主盡歡，讓每位學員留下美好的回憶。

前中華民國總統府設於南京

南京大屠殺遇難同胞紀念館

最前者為南京醫科大學黃校長，共聚一堂

培養醫學科技人才的南京醫科大學

南京市政府於貴賓樓設宴，作者與副市長
許慧玲合影

國父誕生地、故居、
黃花崗七十二烈士及中山陵

　　小時候就從書本上讀到國父孫中山先生為了創建中華民國十次革命的失敗，不屈不撓，客家人愈挫越勇的頑強精神，讓我敬佩有加，他再接再勵足跡遍及海內外的際遇，也讓我這平凡的小市民築夢遊走海外的夢想，藉著「閱讀旅行，旅行閱讀」來充實自己。為了進一步了解國父的一生，我三度前往他的誕生地翠亨村，他是在廣東省香山縣（現改中山市）誕生，出身於一個貧苦農民的家庭，也因家貧十六歲前往澳門做過鞋匠，後來又回鄉務農，然後又到香港讀書及學醫；也因他的醫術專精，主治外科和治療肺病，更重視醫德，在醫院服務，自己也開了診所專門醫「人」。後來在廣東省的廣洲市，展開一生的革命活動，開始醫「國」，促成反帝國、反封建的革命統一戰線，把革命推向最高潮，這一連串傳奇故事，啟發我對國父的崇拜，用他革命的思想，改造我淺膚的人生觀點，他在自己故鄉翠亨村親自設計一棟融合中西式建築住居、前院、主

體建築和後院，分三部份組成，佔地五百平方米，現已開放參觀。

　　了解國父出生地之後，我對他上海的故居更感興趣，為了有進一步了解，千里迢迢從廣洲搭機飛上海。故居位於上海市香山路七號（原莫利愛路二十九號），亦是國父孫中山先生和他夫人宋慶齡一九一八年到一九二四年於上海的寓所。國父逝世後，夫人宋慶齡繼續在此居住，這棟寓所後來被國務院列為全國重要文物保護單位。

　　為了更深入了解國父革命事蹟，我又回到廣洲市仙烈路的黃花崗公園，瞻仰廣洲「三二九」起義時，英勇犧牲的七十二烈士陵墓，其浩氣長存，可歌可泣。為紀念革命之父廣洲起義，在東風中路也建造一座典雅古色古香的中山紀念堂。

　　為向一代偉人致最高敬意，我參加研習營，接受南京市政府的安排，前往中山陵謁陵，中山陵位於南京紫金山的小茅山南邊，海拔一百五十公尺，佔地八萬餘平方公尺，始建於民國十五年，民國十八年才完成為紀念孫中山在入口處的花崗石牌坊，正中刻有國父手書「博愛」兩字，石坊向上是墓道，依山坡地勢而建，從墓地到祭堂共有三百九十二級石

階及八個平台，總長七百公尺，建築雄偉，整座陵園蕭穆莊嚴，予人有崇高神聖之感，因本團由官方安排，享受特許禮遇，特別開放中堂祭拜，由主祭者前立委馮定國主祭，率團員代表向一代偉人國父孫中山先生獻三獻禮，然後沿著石欄杆繞墓穴一圈瞻仰，墓穴正中是一具用漢白玉雕刻而成的孫中山臥像，而孫中山的遺體則用一具美國製的銅棺盛殮，安葬在墓穴下五米深的長方形墓穴內。

前往南京中山陵向國父孫中山謁陵

廣東省中山縣翠亨村是國父誕生地

浩氣長存，廣州黃花崗七十二烈士陵墓

上海香山路七號是國父故居

享受特許規格，向一代偉人最敬禮（翻自紀錄片）

北大、清華、天津等大學參訪交流

北京大學是中國首屈一指的重點綜合大學，在國際上，北京大學已闖出響叮噹的名號。北京大學的前身是「京師大學堂」，創立於一八九八年，是當時中國的最高學府，同時也是最高的教育行政機構，在成立當時背負著教育改革的使命，以新科學取代保守觀念，以融合中西貫通中外；一九一二年五月正式更名為北京大學，蔡元培為首任校長，知名的教授包括朱自清、胡適、魯迅……等，教學陣容堅強，倡導「兼容並蓄思想自由」的辦學精神，本著愛國、進步、民主、科學的傳統意念，突破創新，開出絢爛的思想火花，將北京大學推向國際之名大學之列。

豐富多彩的北大校園，詩情畫意的未名湖，湖畔矗立的博雅塔、南北閣與民主樓，氣勢雄偉的燕京圖書館，由北大教授闡述「對中和中庸的現實詮釋」，及師範大學教授談的「中華文化精神」等活潑生動、有獎徵答課程，由北京自修大學榮譽校長挑大樑，李燕杰教授遊走世界四百八十六個

大城市，演講數千場次，年事已高，如今抱病為我們遠自台灣學員上課，除了表達歡迎之外，特別贈送他親筆簽名之墨寶，讓所有學員感動不已。

誠如李教授所言，沒看過高山就不曉得平原，沒看過大海就不曉得小溪，沒看過智慧，就不覺得平凡。與北大師生交流座談，感受出他們深度內涵與氣質，由北大一位女同學為我們做導覽，麥克風拿在手上，如上知天文、下知地理般的侃侃而談，生趣活躍，博學多聞，校方也特別贈送每位學員北大校徽以做紀念。

清華大學

「自強不息，厚德載物」，這是梁啟超在清大創辦初期勉勵學子的一段話，也是一直沿用至今的校訓，利用科學家的眼界與態度，實事求是、行勝於言、為求得學問的精神，採以教學、科研、社會主義三個面向，憑著悠久的歷史與優良的辦學風格，清大自己設定宏觀強力目標，要在二〇一一年前躋身世界一流大學。難怪清大人才輩出，從早期的王國維、梁啟超，到中近期的江歡成（上海東方明珠塔設計者）、趙九洲（報導研製中國第一顆人造衛星）、前總理朱

鎔基及現任領導人胡錦濤……等傑出校友。

清華大學腹地廣大、綠草如茵，有「綠色大學」的美譽，透過清華同學為我們導覽解說精闢力道，歷練、展現出清華人的自信，難怪清華畢業後的同學校友都以「永遠的清華人」自居。

南開大學

允公允能，日新月異，南開大學是一所包括人文社會、技術、自然及生命管理科學、醫學及藝術等多學科齊全的全國重點大學。南開大學也與美、日、英、法、德、俄等國家的一百多所大學和國際學術機構建立合作與交流關係，我團訪問該校除學生代表熱烈歡迎外，詳細的簡報，融洽的師生交流座談，參觀校內多項建設及博物館，南開大學成立的教育中心與科學研究中心，另外像是有機化學、農業化學、基礎數學和應用教學及光學等領域也都達到國際先進水準。

天津醫科大學

天津醫科大學是中華人民共和國成立之後所建立的第一所高等醫學院校，該校地處渤海之濱，是首都北京的門戶，

也是連接東北、華北、華東的交通樞杻。天津是中國對外開放最早的城市之一，天津醫科大學是中西醫結合的國際學院，我團參觀學校先進的醫療及教學設施，聽取詳細深入的校方簡報，同樣也與該校師生進行交流座談。參訪結束後也順道參觀琉璃廠，及天津最有名的天津狗不理包子，並回北京遊覽頤和園，對慈禧太后歷史有更深層的認知，品嚐家喻戶曉的全聚德烤鴨，逛北京最熱鬧的王府井大街，東華門的小吃街及雅秀市場……等，替歡樂美好的時光留下記憶的珍藏。

古色古香、國際知名的北京大學校門口

作育英才的北大各科系研究所

氣勢雄偉、收藏豐富的北京大學圖書館

參觀天津南開大學及校內各項設施

人文薈萃、有「綠色大學」美譽的清華大學校園

與有氣質品味的清華大學博士班同學合影

博學多才的北大教授李燕杰

「今日桃李芬芳，明日祖國棟樑」的清華大學

天津醫科大學是中西醫結合的國際學院

上海同濟大學與復旦大學

同濟大學

這次參加海峽兩岸主辦的「台灣青年學生中華文化研習營」，是住在上海同濟大學校區。上海同濟大學是中共國家教育部直屬重點大學，也是首批被批准成立的研究生院，並列為國家「二一一」工程和面向二十一世紀教育振興計畫「九八五」工程，是上海市重點建設高水平研究型大學之一。創建於1907年，是綜合性多功能的現代大學，「同舟共濟，自強不息」是該大學校訓。

近年來同濟大學正在探索並逐步形成自己特色的現代化教育思想和辦學理念，堅持人才培養、科學研究、社會服務與國際交往。同濟大學面積廣闊，分布在上海五個校區，在校方特別安排下，我們參觀了新建規模宏大的嘉定校區，教學大樓美輪美奐，風景優美，在乾淨舒適寬大的學生餐廳內

與學生共享午餐，豐富的美食，多種選擇，包括西式、新疆口味、四川口味，北方、南方各種地方風味，任來自不同省份學生挑選，物美價廉，新蓋的學生宿舍則提供非常方便的生活便利區。

也因為台灣發生九二一世紀大地震，造成斷垣殘壁，死傷嚴重，所以我們對於該校工程結構研究所、防災結構抗震實驗室特別有興趣。他們興建數十棟迷你高樓，透過各種不同級數地震科學測試及鋼筋結構分析，投入人力物力、教學機具，用心良苦令人敬佩。

復旦大學

復旦大學創建於1905年，歷經百年沿革，早期祇是中國人自主創辦的第一所高等學校，因該校為教育奉獻、辦學卓越，現已改為國立大學，是上海市綜合大學名校之一，該校培養具有高品質人才做為教育根本目標，重能力、求創新的教學理念，加強研究生教育。復旦大學努力以一流的師資、一流的管理，培養出一流的復旦人才，希望在各自工作崗位上能大顯身手，發揮所學，贏得社會的肯定與用人單位的歡迎。

　　我們聽取校方詳細的簡報，也參觀校內各項設施，了解學校為教育的努力、與世界三十多個國家及一百五十所大學建立合作交流，堅持內涵發展為主導，增強綜合實力為主線，以爭取重大突破為方向，向建設世界一流大學目標邁進。

　　有趣的是在眾多的前任校長中，竟然有一位名叫「李登輝」。他是福建省同安人，畢業於美國耶魯大學，而台灣中華民國首任民選總統「李登輝」是台北三芝人，畢業於美國康乃爾大學，同名同姓純屬巧合。

復旦大學外事處項目主任副研究員郝大初

上海復旦大學台灣大學生交流訪問團

參觀復旦大學校內各項設施

上海同濟大學結構研究所利用地震科學儀器測試鋼筋結構

同濟大學興建各式高樓模型作防災抗震實驗

同濟大學校區廣闊，我們參觀規模宏大的嘉定校區

獨享黃飛鴻故居的中山公園拍攝權

　　婚紗影樓在佛山（禪城）地區非常興盛，相對的競爭也超級激烈，如同殺戮戰場。各家影樓為了求取與眾不同的攝影基地挖空心思，使出渾身解術，尋找山明水秀的歐式渡假村或詩情畫意、小橋流水的公園配合，滿足結婚新人浪漫畫頁。因此無論城市或郊區，祇要是歐式建築風格、彩色繽紛的花海、花團錦簇庭園造景、湖邊的遊艇、馬場的馬匹、私人收藏特殊造型的古董車，一一都被攝影公司承包，作成背景來拍攝。

　　本人一向對國父孫中山先生非常敬仰，也在非常不容易的情況下，先行取得佛山市最大的中山公園拍攝權（別家同業是不能入園拍婚紗的）。中山公園建於1928年，是為紀念國父孫中山先生所建立的紀念性公園，佔地面積二十八點零七公傾，位於佛山市區東北部的汾江河畔，有寬廣的水景及豐家的園林景觀，紅岩飛瀑、綠茵春輝、湖光山色、孔橋映翠……等等，還有那最適合拍攝各式古裝的場景，莊嚴氣

勢、古代建築風格，以及黃飛鴻的精武全館。佛山也是武打
巨星李小龍的祖籍地，難怪後來有部武術名片《葉問》，場
景就在此拍攝。

　　我公司有幸取得此場地拍攝權，但也得負擔部份費用，
期約內的門票印刷由本公司負責，但背面可印婚紗廣告，兩
全其美、相得益彰，讓我公司結婚新人享受禮遇入園拍攝美
美的婚紗照之外，又獲得來往許多遊客的祝福。

一百多坪寬廣婚紗影樓，美容與造型師正忙著給新娘服務

美麗大方的大陸姑娘擔任櫃檯服務員

廣東省順德店開幕剪綵（中間是作者）

廣東省順德店來來國際婚紗影樓開幕盛況，封街造勢

影樓負責人（作者）致詞（翻自影帶）

廣東省佛山店在各景點拍攝婚紗動態剪輯

哈佛大學　美夢成真

　　成功的「金字招牌」哈佛大學，不知全世界有多少莘莘學子嚮往與羨慕這世界級頂尖學府，它金字招牌的魅力無法抵擋，在世界知名優質大學排行榜上，永遠保持領先地位，與英國的牛津及劍橋大學勢均力敵──這些學術聖城都足以傲視群倫，它的「好」與它的「老」，都有對等元素及歷史悠久與豐富的傳奇。

　　一輩子充滿好奇心與強烈求知慾的我，當然也有揭開神秘面紗的夢想及慾望，一睹名校的廬山真面目，體驗何謂學風鼎盛，感受世界級的大學自然環境。時時刻刻自己在築夢與期待，也因人類有「夢」而偉大，皇天不負苦心人，在一個偶然的機會裡看到報紙刊登「美國哈佛大學、甘迺迪政治學院政府學系、政治領袖研究班」在台招短期赴美進修課程，如獲至寶，查詢入學資格方知名校門檻很高，男性須年滿三十五歲以上、民代須省級以上，企業界需董事長或經理級職位以上，教育界須具備講師教授級，政府官員須科長級

以上。

　當時我有幸以企業界董事長名譽報名，因為投資事業領有經濟部發給的公司執照，並附有完稅證明文件，因為早期喜歡聽當時經濟部長、現任副總統微笑老蕭的演講，對他經濟上的長才格外佩服與崇拜，我在東海大學修的企管，其中的經濟學也與其政經班有相對的謀合，因此在資格審查條件上也符合。兩個月的前置作業充滿喜悅與期待，出發的日子終於來臨，民國八十二年七月二十六日台灣學員共二十餘人搭乘美國聯合航空公司，與外交部長有幸同機赴美國西海岸的舊金山，然後又從舊金山飛往東海岸的波士頓，入住大學城的旅館，展開一連串的學習課程。

　首先，在哈佛大學校長招待所了解堅強的教授陣容與學習課程，其中也包含前布希總統顧問及現任柯林頓總統顧問，然後到典雅藝術的教室上課，課程包羅萬象，諸如政黨政治之美國史研究、政黨選舉與美國政治財經問題研究、美國安全政策及聯邦制度問題……等等。由於我個人外語能力不足，全部課程由當時的省議員楊泰順（前政治大學教授）擔任翻譯，活潑又生動，才讓我們對美國歷史、政治與文化有更深層的認知，哈佛大學內的燕京圖書館藏書更壯觀，館

長吳文津也一一為我們簡報，也在館內會議廳做學術交流，當時三黨國代也藉此難得機會對眼前台灣政局發表不同的意見與看法，如何將台灣同胞帶向國際走入世界，唇槍舌劍，主題直搗核心，精闢力道。

哈佛大學城內數百棟大小建築，大都是朱紅色系列，經典古雅有「哈佛紅」之稱。哈佛的歷史從創校至今也不過三百多年，但哈佛的校友出過六位的美國總統，波士頓的哈佛始終是美國政經文化重鎮，也有人說「哈佛史」就是「美國史」，這句話絕不誇張，哈佛學子不僅是貴族中的貴族，除了學費昂貴之外，還有沉默的教育革命，擁有特殊核心課程，包括文學與藝術、歷史與文化、社會與道德、自然與科學……等，打破傳統領導潮流，勇於創新及個案研究，實務經驗重於理論，國際動態盡在掌中。

傍晚時分我們在查理士河畔觀看夕陽落日，乃是人生一大享受，半輩子的辛苦與努力，就算是給自己一個犒賞吧！

台灣駐美國波士頓辦事處處長李大維

哈佛大學費正清東亞研究中心副所長柯偉林

與哈佛大學教授於教室合影

國代、省議員、作者、教授、會計師於哈佛大學教室齊聚一堂

哈佛大學燕京圖書館館長吳文津

波士頓辦事處處長李大維與學員共同學習

美國哈佛大學甘迺迪政府學院政經領袖班

台灣各界在哈佛大學進修，於哈佛銅像前合影（前排中間為作者）

拜會國會議長　窺視世界權力中心

　　冠蓋雲集的華府，運籌帷幄的華盛頓國會大廈，白色圓頂造型頂尖直指雲霄，氣勢磅礴，莊敬雄偉，象徵著世界權利中心，美國歷任總統就職大典，全在這個國會大廈前舉行，這也是1791年喬治華盛頓的故鄉，現已成為美國永久的首府。（之前是紐約及費城，三度遷府）正名為華盛頓DC。白宮與國會都在賓州大道上，國會位於丘陵地之巔，人民至上，居高臨下，白宮則在華盛頓紀念碑的附近。

　　哈佛短期進修結業後，接受美國國會議長弗里的邀請，由眾議員所羅門負責及洪董事長炳坤主導，參觀美國眾議院議事堂，參觀議院國會大廳，及前往國會議長辦公室拜會弗里議長。議長親切表示歡迎——向學員握手，並親自敘述美國兩黨的國會運作，美國政治之立法權、立法的過程、扮演世界警察的公共事務，經濟貿易與外交政策，全程由省議員楊泰順擔任翻譯，我們收益良多，也對美國民主政治有更深入的了解。

　　紐約紐約，築夢的天堂，到了世界級的都會區，尋找
灰姑娘的芳蹤，拜會台灣駐紐約辦事處處長吳子丹，然後前
往紐約重要景點參觀，包括博物館、帝國大廈、世貿中心。
夢想的天堂，謎樣的城市，散發出萬種風情，港口廣場停靠
的航空母艦、潛水艇，象徵美國獨立精神的自由女神高舉火
炬，如同歡迎我們來自遠方的嘉賓。之後我們接受州長的招
待，受邀參觀他的豪宅及觀看棒球大賽，是趟寰宇大視界的
最佳寫照。

國會議員到車上致歡迎詞

聆聽國會議長弗里談美國兩黨運作

與美國國會議長弗里合影

接受招待參觀精彩的棒球比賽

駐紐約辦事處處長吳子丹

氣勢雄偉的華府

美國自由女神歡迎您的蒞臨

陣容龐大的潛水艇艦隊

航空母艦上的機隊讓人嘆為觀止

柯林頓民主課程面面觀

　　參議員穆考斯基（現任阿拉斯加洲洲長）在參議院會客室接待我們，並說明台灣當前政治經濟問題，也發表他對亞洲太平洋地區及兩岸互動關係的看法，因為他數度來台灣，還搭專機降落松山機場，對台灣的政經情勢瞭如指掌。穆考斯基在美國參議院屬重量級參議員，對台灣非常友善，在國會台灣關貿問題也做出很多的貢獻，尤其是台灣中華民國總統到友邦需過境美國，他都義不容辭從中協調爭取最大停留空間，熱忱的接待與解說，讓我們對美國國會運作有更深入的認知。

　　首次進入華府國會，盛大的午宴席設在莊嚴而佈置得美輪美奐的國會餐廳，列席的有數位眾議員及參議員，因他們今天下午有重大任務要投票表決：柯林頓總統就任以來最堅苦的財政預算赤字。餐廳的花崗石牆壁上設有星號燈飾，告知在用餐的國會議員準備進入會場，負起監督政府的重責大任。

　　話說威廉·柯林頓1946年八月九日出生在阿肯色州的霍普城，父親在他出生的三個月前就因車禍而喪生，四歲時，母親又改嫁。小時候的生命坎坷際遇與辛苦求學過程都值得我們敬佩，他從小就立志參與政治，想到華府闖天下，曾經獲得羅氏獎學金，也遠赴英國牛津大學學習政治學，然後又回到國內耶魯大學法學院取得學位，同時也與耶魯大學法學院畢業的希拉蕊結婚。婚後開始在故鄉阿肯色洲展開他的政治生涯，然而他的政治路一路走來並不順利，也參選過眾議員失利。然而有志者事竟成，天下無難事祇怕有心人，再接再勵，終於皇天不負苦心人，從原先的律師躍上阿肯色州州長舞台，也是最年輕的州長，魄力與膽識突破重圍，挑戰群雄，登上美國四十二任總統寶座，創下白宮與國會多數由民主黨掌握的局勢。

　　柯林頓與他的搭檔副總統高爾也被視為美國新一代的政治領袖，柯林頓一上任，就大刀闊斧的按照自由派理想來改造社會，主政期間，最引以為傲的是帶領美國走向經濟榮景，華爾街股市衝到萬點以上，締造美國數十年來最低的失業率及通貨膨脹，化解美國龐大的預算赤字，雖然這過程中有陸文斯基不光彩的醜聞，但就經濟政策而言，他至少是

一位言而有信、說到做到的總統，他的政績雖然無法十全十美，但在世界領袖舞台上，絕對是亮麗的表現與肯定。不過數年後的國會大選 共和黨又奪回國會的多數。

最慶幸的是我們能親眼看到美國自建國以來最大的總預算投票過關歷程，及國家赤字削減計劃過關實現，僅多一票過關，一票之差，這就是民主政治，為了發布這重大新聞訊息，讓柯林頓總統因通過國會預算，而有足夠的資金做後盾，大膽實現治國理想，來自世界各大媒體群聚在草坪上，等候總統的發表演說。筆者反觀國內政治生態，朝野對立應該休兵，學習目前歐巴馬政治深度與寬度，除了擁有領袖特質之外，也必須具備君王的氣度，廣納競選時的對手（政敵），借用他人的才華與能力納入自己治國團隊，更要效法希拉蕊精神，雖然一時輸了選舉，但要尊重大多數人民的選擇，放下個人身段，為國效忠，這才是真正民主國家，更是身為領導人該有的氣度，也是國家之福。

國會議員蒞臨，台灣學員熱情接待

美國國會議員於眾議院接待學員

前美國參議員穆考斯基（現任阿拉斯加州長）

國會議員與學員華府合照，並於國會餐廳設宴款待

美國聯邦調查局及美鈔印製廠
參觀記實

　　早上一大早我們乘全新剛出廠的專車，由國會議員Mr.
Ortiz 登車向團員致歡迎詞後，我們直達美國聯邦調查局總部
（簡稱FBI），由調查局官員為我們做簡報，詳細說明有關
調查局事務。這裡是美國司法部的主要調查機構，它的職責
是調查具體的犯罪行為與實驗，同時也被授權提供其他執法
機構的合作服務，如指紋識別、實驗室檢查及警察培訓等。
FBI的任務也是調查違反聯邦犯罪法，支持法律，保護美國調
查，以致於國外的情報和恐怖活動。現大多數美國人民的印象
裡，是專門打擊犯罪最有效的執行機構，FBI的局長直接由總
統任命並須參議院批准，每屆任期十年，其中反暴行、槍械、
毒品、走私及各種組織犯罪，國際反間諜活動等方面都享有
最高優先權。我們對局內陳列、展示沒收來的科技電子器材，
偽裝的武器、毒品分類的認識，真的是大開眼界，嘆為觀止。
　　隨後我們又驅車到美國財政部印鈔局，這裡位於波托
馬克河潮汐的湖邊，也是美國眾多博物館匯集的地方，印鈔

局的大樓建築得氣勢宏偉，是全國貨幣流通的場所之一，地下室則是專門印製美鈔的工廠。整棟大樓內戒備森嚴，所見之處，所有角落都佈滿攝影機，分秒嚴格監視，當然這裡是不允許拍照的，四周都有保安戒備。這種地方除了特殊，給一般大眾披上神祕的色彩，所進出的人員都要通過嚴格的安檢，並詳細登入個人資料，出來也要再逐一嚴格檢查，尤其是手提包內的物品及身上穿的衣物。

　　我們是由美國財政部官方引導，享受特殊禮遇（非一般遊客所參觀的動線）解說導覽，我們得以親眼目睹美鈔的整個製作流程，從特殊的紙張變成白花花受到全世界人類人見人愛的鈔票，過程的艱辛及使命的壓力可想而知。最特別的是在地下室每間廠房的印製流程都用鐵門隔開，每個角度過程都由精密的攝影機監控，工作人員仿彿置身於監獄工廠，廠內整排機器二十四小時不停的運作，不斷印出不同面值的美鈔，最後在重門深鎖、戒備森嚴的最後一道蓋上一個綠色小印章暗碼流程，整個鈔票才算完成。整個印製過程都是高度的自動處理，透過尖端精密儀器檢查是否有瑕疵及符合標準才能出廠，流通全世界。

美國聯邦調查局簡稱「FBI」

聆聽美國聯邦調查局簡報及參觀特有裝備展示

美國財政部致贈簽名美金留念

前國代王應傑代表學員感謝聯邦調查局提供機會參觀

參觀聯合國總部表達入聯意願

聯合國大廈位於紐約市東河岸旁，屬國際組織，長方型的大樓像一面平整的立方體，樓高三十九層，目前會員國高達一百八十五國，門口四周插滿各會員國國旗，色彩繽紛，旗海飄揚，蔚為壯觀。全世界會員國代表，聚集一處，無論大小國、不分貧富，都享有同等的發言權與投票權，使用各種不同的語言，討論與決定世界重大問題事務，這就是世界的中樞。

聯合國總會議廳為橢圓形議席，呈弧狀層次，寬敞明亮，上萬個席位，氣氛雄偉而高貴。本團內有十位國代，由增額國代王應傑領軍（現東森房屋董事長），為了不願意見到擁有兩千多萬人民的中華民國的國際地位淪為國際孤兒，我們共同走向聯合國，表達心聲，首先在總部門口拉起大紅布條，但遭警察取締，不服輸的我們這群鐵漢，換成大字報方式展現入聯意願，連署簽名，呈報總部相關單位，接著我們進入大廈參觀，由聯合國內接待事務處派員簡報解說導覽，參觀各項設施及總會大廳。

　　追溯歷史，在1971年十一月二十五日（台灣光復節）在聯合國大會上，僅僅四票的差距，聯合國通過了第2758號決議文，承認了北京政權是中國唯一代表，也是常務理事國之一，而原先代表中國席次的中華民國（管轄台灣地區）被中華人民共和國（管轄大陸地區）所取代。而中華民國政府當時的總統蔣中正本著漢賊不兩立的政策，隨即退出聯合國，這是歷史上最悲痛而不能遺忘的一刻。但莊敬自強、處變不驚，雖然我們當時外交孤立了，但沒有阻礙全台灣人民的努力，創造經濟發展，成為世界第十八大經濟體，及第十六大大貿易國，同時也躋身全球前二十大對外投資國，更登上亞洲四小龍之一，經濟實力已成為「世界貿易組織」之會員國，而當時台灣之民主與經濟被世界所肯定。

　　近年來時勢與政局的演變，對岸藉著強大的經濟實體與成功外交發展優勢及龐大的外匯存底，已登上國際強國舞台之列，促使我們努力的空間加大，此時此刻，希望我們大有為政府，無論執政或在野，必須更團結更努力，眼看我們國家已經沒有再內亂的本錢了，宏觀視野向國際接軌，走出去，再向聯合國表達重返國際組織的願望，筆者建議是否可比照東西德、南北韓，擁有各自的天空，爭取「一中二

席」，或仿照烏克蘭、白俄羅斯的「一蘇三席」模式。此僅代表一個平民百姓的心聲。

學員在聯合國總部利用大字報表達入聯意願

可以容納上萬席位的聯合國橢圓形總會議廳

麻省理工學院　衛斯理女子大學

麻省理工學院

　　麻省理工學院（簡稱MIT），與台灣製（縮寫MIT）有同名之親，非常巧合。提起麻省理工學院，在波士頓申請建校初期，歷經二十年才籌到十萬美元的保證金，就敢建校招生，由於MIT特別重視理工各種實際操作訓練，不惜重資購買最尖端、最好的儀器設備，所收的學費與校外的捐贈根本不敷使用，因此學校寅吃卯糧的財務狀況一直都是歷任校長最費神的事。

　　當時附近的哈佛大學眼見麻省理工聲譽日隆，自己的科學院毫無起色，便三番兩次提出兩校合併的建議，在當時對於窮哈哈的MIT，實在具有足夠的誘惑力，條件是不須MIT改名，祇要派三名哈佛董事加入MIT校董會，另提供廣大校地及鉅額資金，麻省理工學院的畢業生還可多領一張哈佛文憑。然而這種美好的誘因，卻被MIT全體師生怕學校失去獨立性而投票否決了。天啊！哈佛文憑，世界多少莘莘學

子想要都要不到，而這些有骨氣的MIT「小子」為什麼要拒絕這送到手的鑽石呢！原因是MIT全體師生不同意被人「買」走，哈佛人傲，MIT也傲，哈佛傲在外面，而MIT傲在骨子裡。

這趟參訪，身為窮人又沒學歷的我，給了我人生很大的精神鼓舞與啟示，這種骨氣，後來發揮在自己事業上，成了原動力。簡報後，進入校園，通過狹隘的智慧之門，看到校區內的七號館，氣勢雄偉，校園內的鋼架雕塑是校內最常見的裝飾品，校內整體建築景觀展現出與眾不同的理性務實風格，孕育出對人類世界貢獻許多的傑出校友，MIT的學術聲譽在世界名校排行中都有亮眼成績表現。

衛斯理女子大學

美國知名的衛斯理女子大學家喻戶曉，女子學術聖地孕育出無數的元首夫人及國務卿，包括國父夫人宋慶齡、蔣總統夫人宋美齡、孔祥熙夫人宋靄齡，宋家三姐妹都在此完成學業，柯林頓夫人希拉蕊與女性首任國務卿歐布萊特……等都是衛斯理的傑出校友。這所大學致力於女子教育改革，在這裡女子被嚴肅對待，她們是學校注意的焦點，在教室裡，

她們可以自由發言，意見會被認真聆聽；在校園裡，領導者是女人，決定許多重要性事務的也是女人，所以校園內有一種文化，讓她們知道，女人可以做任何事情，女人需要的是機會，女人可以建立自己的自信，也相信女人可以撐起一片天。

衛斯理能成為一所出色的學校，最重要的是挑選很好的學生，學生也要必備良好的背景。學校挑戰她們、尊重她們，用教育熱忱，教她們盡情發揮所長，教她們不被服待，教她們如何服待他人。優秀特殊的教育方式，才能培育出如此多的女性傑出校友，在校園內每一個角落，都感受到女人與環境的重視，讓人可以專心投入書本和學問研究之中！

這裡的圖書館是女人追求學問的殿堂，時逢夏季，綠草如茵的草坪上不時可以看到露背的女生趴在草地上看書，或許純是女子大學，開放的尺度更顯得自然，兩三位學生聚集討論功課，洋溢出書卷味，建築物更顯得古典優雅有氣質，據說《蒙娜麗莎的微笑》電影故事場景，就發生在此校，參觀過後，對女子大學求學過程及大學內各種綺麗生活充滿了羨慕，衛斯理女子大學的校友，人才輩出，校風純樸，紀律嚴明，成績卓越，已登上國際女性報考心目中的明星大學寶座。

美國衛斯理女子大學是國際女性心目中的明星大學

女子學術聖地孕育無數國際元首夫人

麻省理工學院聲譽在世界名校中出類拔萃

人文薈萃、學風鼎盛的衛斯理女子
大學

通過麻省理工學院的智慧之門

雙橡園再現昔日風華

　　雙橡園這裡是國內民眾聽起來耳熟能詳卻又陌生的地方，雙橡園坐落於華府特區最繁華的「威斯康辛大道」旁，與駐名的國家天主教堂佇立在同一條街上，佔地十九英畝半，主建築是一棟擁有二十六個房間的「喬治復興時代式」建築物。該建物於1888年被政府列為古蹟建築，外觀不能變更或改建，雙橡園原本是國家地理學會創始人赫巴德的夏日別墅，此地冬暖夏涼，地靈人傑（其女婿為電話發明人貝爾），庭園寬大，綠草如茵，後方種有兩棵橡樹並列聳立而取名雙橡園。如今原來的兩棵橡樹因雷擊，而先後斷裂枯死，而後再補種兩棵橡樹取而代之，在華府特區內寸土寸金，雙橡園擁有如此寬闊的莊園，更是少見，該園平時是不對外開放的，是因為中美斷交，所以雙橡園不能做為外交部正式官邸，祇能做為北美協調會主要對外社交場所。

　　這趟哈佛進修之旅除了有幸與外交部長錢復同機赴美，前些日子我們又到紐約拜會外交部前任國際組織司長，現任

駐紐約辦事處處長吳子丹，熱忱觀迎接待，言談之中感受到他的外交手腕，有「打死不退」的個性，具備堅忍不拔的國際組織長才，也擁有「地下大使」的美號。

今天下午由駐美代表丁懋時於雙橡園設宴款待，來自我們哈佛進修的團員，席開三大桌，嚴肅又不失親和力的丁代表一一與團員握手及交換名片，表達歡迎，寒暄過後，也引領我們參觀經外交部長錢復及夫人田玲玲精心策劃的園區。內部重新裝修，外部維持古雅外觀，美輪美奐的裝潢與佈置，讓這歷史名園更顯得高尚華貴，落落大方，也恢復昔日的風華，生氣盎然，後來丁代表也在名園中加種百棵梅花，象徵越冷越開花的精神，歷史悠久的古樹星羅棋布，增添美景，到此一遊，互相拍照留念，見證歷史。與會的還包括僑領代表及《世界日報》記者，賓主盡歡，離情依依，留下美好珍貴的回憶。

喬治復興時代式建築——雙橡園古蹟

駐美丁代表懋時於雙橡園合影

柏林圍牆倒塌　民主的勝利

　　德國的首都柏林在第二次世界大戰後，被分割為東柏林與西柏林，東德政府為了讓東德人民不與西德人民投敵或接觸，特別在一方領土上邊界架設鐵絲網。後來因為抵不過人民選擇民主及自由的意志，冒生命危險越過重重帶刺的鐵絲網，投奔浪潮一波又一波，東德邊界防衛也不斷射殺無辜逃難的百姓，於是下令在一方的領土邊界建造用磚塊砌成、堅固耐用長長的圍牆，長一百五十五公里，高三公尺到四公尺，中段還設有烽火台及瞭望台，把西柏林包圍起來，也象徵著柏林圍牆隔開的是民主與專制、自由與奴役、人權與壓迫，長期代表著分裂和冷戰的重要標誌，東德認為這座柏林圍牆是「反法西斯防衛牆」，而多數西方國家認為建圍牆真正目的是不願百姓看到真正的自由民主而逃離鐵幕。

　　在1989年十一月九日，屹立了二十八年的柏林圍牆，因東德政府官員上級命令的誤解，錯誤地宣佈柏林圍牆即將開放，導致數以萬計的市民走上街頭，在圍牆塗鴉，有的索

性敲下當紀念品，那時整個德國陷入極度混亂及興奮的狀態，萬民歡呼，如萬馬奔騰，齊力推倒圍牆，它不僅僅是一道牆的生命終結，也同時宣布舊時代的結束和新時代的來臨。

前美國總統雷根曾經在布蘭登堡門發表著名演說，建議當時蘇聯領導人戈巴契夫拆掉柏林圍牆，但後來沒被接受，如今這道重重堅固的圍牆，不用重大機具而被民主浪潮毀於一旦，代表著民主、自由、人權的勝利，分裂已久的東西德終於統一了。

託自己努力拼來的福氣，我享受公司免費招待來德國旅遊，又躬逢柏林圍牆倒塌，舉國歡欣，歌舞昇華，通霄達旦，放眼望去一片歡樂，慶祝場面到處皆是，不知不覺我也融入他們的歡樂熱潮，喝香檳、啃德國豬腳，滴酒不沾的我，也被週遭大喝德國啤酒的同伴歡樂聲所淹沒，如痴如醉。

親身經歷東西德的統一，反觀世界的愛爾蘭與北愛爾蘭、南葉門與北葉門、南北韓、兩岸世局……，我同時也衷心期盼全世界人類懷著寬容、關懷悲憫的心，不必戰爭，同心協力締造和平，盡最大的努力，享受自由民主的空氣。

東德布蘭登堡為納粹時期的閱兵台

希特勒下令興建的柏林奧林匹克體育場

全斗煥宣布戒嚴　我吸催淚瓦斯

　　韓國位於一個多山的韓國半島上，東臨日本海，西臨
黃海，南隔大韓海峽，跟日本遙遙相望，中有三十八度線
（1953年七月二十七日設停戰線）而分成南北韓。

　　韓國也是美麗桔梗花的故鄉，非常讓人歡欣和愉悅的
國度。說到韓國泡菜，不得不讓人直流口水。哪知全斗煥上
台執政期間，為了穩固政權，採取高壓統治手段，而常引起
南韓境內人民抗爭風潮不斷，再加上任期內沒有看到任何有
效的民主化改革，終於在1980年五月，於冠蓋滿京華的漢城
（今改稱首爾），南韓學生在火車站前爆發強烈的遊行示
威，人數多達十餘萬人。

　　是日我正參加公司招待的旅遊團，前往青瓦台參觀，
而傍晚正準備往漢城市區用餐之際，六點準時，街上所有計
程車、私家車及各種交通工具同時大按喇叭，學生開始橫衝
直撞展開大暴動，一發不可收拾，所有治安警察全副武裝，
布滿所有街頭與路口，警民大衝突，強力的噴水車向學生與

暴民不斷噴水，暴動一波又一波，一片混亂，衝突升高到局面已經無法控制。夜幕低垂，汽油彈火花四溢，軍方開始採高壓行動，四處的鎮暴部隊，被學生衝得七零八落，震撼聲劃破雲霄，失控的局面更為擴大，頓時軍警開始發射催淚瓦斯，驅離民眾與學生，但學生還奮不顧身，突破封鎖線，整個亂成一團。

我們遊覽車停靠路邊，親眼目睹這國家的大災難，身歷其境，每位遊客已受不了這空氣中飄浮的催淚瓦斯而眼淚直流，手帕沾水搗鼻無效。領隊也要司機想辦法，繞道先返回飯店，哪知回到飯店內才覺得不妙，因為外面瓦斯氣流，被飯店內大型空調吸進去，散發緩慢，所有遊客叫苦連天，幼小兒童整夜哭泣到天明。國家有難，百姓遭殃，政府也勒令停止所有政治活動、國會活動，開始逮捕以金大中相關的政治人物與學生領袖，採取強硬措施，宣佈戒嚴，而我們也一夜未眠，淚流滿面。歷險歸來，方知自由的可貴。

結束一場驚險際遇，繼續我們參觀遊覽行程，醉人的華克山莊、冰川四海、雪嶽山滑雪場，時光倒流，古風依舊的漢城景點，都留下回憶的足跡，我們搭機飛往濟洲島，參觀這有「三多」的渡假聖地。所謂的「三多」就是石頭多、

風多、加上女人多。品嚐海女剛捕捉上岸的海鮮，遊覽天地淵，觀看神奇的地心吸引力……等等。之後才終於離開這趟緊張刺激的阿里郎之旅。

　　我們又搭機飛往美麗花園城市，有創造「傳奇小島」之稱的新加坡。從黃昏到清晨，小小的彈丸之地，充滿強盛的國力，治安良好，到處矗立的摩天大樓井然有序，整齊的市容，全國上下蓬勃奮發，積極精打造出這小而美的國際都市，讓人嘆為觀止。

　　馬來西亞的風景 如同綠色彩筆，有深有淺，有濃有綠，如同印染的花布那麼的彩色繽紛，而吉隆坡的都市發展更是一日千里，雙子星大樓，雲頂高原上的豪華國際賭場，購物中心，如同鑽石般的燦爛，通往黑風洞的台階，是體力的測試站，離島的蘭卡威渡假勝地，則讓人覺得不虛此行。

南國風情——馬來西亞蘭卡威渡假村

新加坡美麗的國際花園城市

韓國學生大暴動，政府發射催淚瓦斯，作者隔著車窗拍攝

馬來西亞皇宮

韓國濟州島天地淵瀑布

與內人攝於韓國雪獄山滑雪場

馬來西亞景點黑風洞

牛津大學　我參加英語夏令營

　　有人比喻，牛津大學是天才的樂園，庸才的煉獄。本人有感於外語能力的欠缺，經常出國，但看到外國人又難以啟口，英文上總有「低人一等」的感覺，痛定思痛，雖然生意繁忙，但從商不忘進修，人雖然還在大陸，但我卻在台灣報名參加英國牛津劍橋英語夏令營。從中正機幾出發，搭乘英航、飛越歐亞大陸，經國際換日線，長途飛行，機上過夜，次日抵達英國希斯路國際機場，學校派專車分區直奔各接待家庭。因團員學齡都是國小、國中或高中，祇有兩位成人——我與另一位老師，如此勇氣與精神值得稱讚與鼓勵。因為我是成人，寄宿家庭沒派車到學校接我，祇好搭車按址前往寄宿家庭。

　　車抵門口，女主人付完車資後就接我進入屋內，分配房間，放好行李，寒暄表達歡迎之意，也準備好蛋糕甜點與咖啡，首次見面，人生地不熟，可以看出女主人的熱忱，而我英語表達能力又不足，沒有很多的談話，她有事外出，就把

一支鑰匙交給我。此住宅區，地點稍偏僻，又隔著一座古木參天的森林公園，一棟雙併式的兩層樓房，平時祇有女主人自己居住，年齡約四十五歲，在教會當志工。約七點，終於女主人回來做晚餐，因為這裡是晝長夜短，七點太陽還沒下山，忙了一個多小時，晚餐時刻來臨，萬里迢迢，來到日不落國，第一道晚餐竟然是孤男寡女，昏黃浪漫氣氛下使用，語言又不通，彼此互看又尷尬又好笑。後來據她說，自從開放做接待家庭，我的年紀是最大的，讓她出乎預料。

但既來者則安之，次日清晨，用過早餐，我獨自一個人穿越森林公園，到住宅區其中一個公車站候車，終於看到其他同學也住這附近，這時我才鬆了一口氣，否則真的緊張死了。昨天一整天，我簡直不知身在何處，來到異國，第一課真的是挑戰的開始，沒人帶，祇有憑藉校方發的地圖，從住宅區出發到牛津大學學區約一個小時車程，中途還要轉車，抵達學校集合後，才知道同學都分散居住不同的住宅區及家庭，經過測驗按能力分班。我的資格與條件當然是基礎班了，但台灣填鴨式教育，在這裡見真章，雖然大多數同學都有英文底子，讀寫的程度考試都在及格之上，但聽力及說功就大打折扣了，常常答非所問，三天後都主動申請降級，否

則聽不懂老師在說什麼。

這是不爭的事實，因為牛津大學城是很多不同的大學或院校所組城的，遊學團大都在牛津城內其他大學合作的語言教學，非牛津直屬大學，也因為本團成人僅兩人無法獨立開班，非常幸運的直接編入牛津語言教學班，才有機會與來至世界各國學生共聚一堂交流與學習。班內同學包括俄羅斯、中東、西班牙、法國、德國、韓國、日本等國際學生，這些有的年紀比我大很多，有的白髮蒼蒼，其學習精神讓我敬佩，每天上午的課程是口語、閱讀、聽力、複習及主題研究等；下午活動更精彩，參訪、旅遊、觀摩及體能訓練，假日多認識國際朋友，或到教會做禮拜及家庭聯誼，許多著名景點，如邱吉爾的誕生地、博物館或畫廊、古羅馬城BATH，激發思古幽情，晚上則有精彩的迪斯可，其樂融融。在牛津看盡傳統與現代、貴族與平民、理想與功利，牛津的面貌繁複而多姿，牛津的一切不斷讓我深思。

學風鼎盛、作育英才，牛津大學校園內知名建築

歲月苦短、學海無涯，與來自俄羅斯學員共同學習

世界大文豪　莎士比亞故居攬勝

　　我對莎翁故居心儀已久，如今如願以償，站在莎士比亞誕生和成長的地方，仿彿回到一個文學創世紀的起點。走進這書香氣息風情小鎮，四周充滿復古風味，街道兩旁，花園景觀林立，古代莊園建築風格，有如穿梭在時光隧道早期莎翁年代的地方，整齊有序的街道市容放眼望去，乾乾淨淨，來自全世界朝聖的觀光客川流不息。精緻典雅的書店，還有那販賣紀念品的商店，到處充滿書香氣息，像是一座寧靜，樸實美麗到如童話中曼妙的小城市。

　　此地也因為大文豪莎士比亞誕生於此，後人緬懷他非凡的文學造詣，遂興建紀念館，整修故居，開放參觀，讓他的故鄉更凸顯得靈秀引人，英國政府給予古蹟定位，所以相關莎士比亞生平作品、建物，都由政府編列預算細心維護保養，以紀念這位偉大天才的文學成就。故居位在鎮上的漢利街上，是一幢老式兩層樓建築，四周種滿修整的樹籬，還有那美麗盛開的花朵，顯得雅緻與典美。我們參觀屋內的設施

與櫥窗，陳列著各種圖書文獻、書籍和莎翁的畫像，一張形式簡單的小桌子，令人聯想到昔日大文豪幼年清苦學習的一幕幕。

　　莎翁原本是一個平凡的舞台演員，沒唸過大學，憑藉他文學之魂的天份及啟迪自我的努力，創造出鋒芒畢露的國際劇壇大師，其文學著作享譽世界。當他聲名大噪、登上高峰之際，卻覺得故鄉水的甘甜，決定隱退返回故鄉與夫人共渡晚年，回歸田園生涯。此時的我心情無比放鬆，偉人的一切，發我思古幽情，依依不捨離開這塊文豪聖地，也分享到神聖的感覺。

世界大文豪莎士比亞故居攬勝

BBC體驗製播節目與牛津故事館

　　本日的校外教學課程是前往牛津城內世界著名的英國傳播公司（簡稱BBC），早上九點，專車大巴已停靠學校操場附近。集合完畢，魚貫上了車，一路直達BBC廣播公司節目製作中心。

　　抵達後，由歷練的工作人員及美麗的主持人接待，表達歡迎遠至台灣來的莘莘學子，然後為我們解說導覽，並參觀節目製作流程。一個節目的完成，有賴於製作前各項繁複的準備工作與資料收集，見到整間放置井然有序包羅萬象的CD與DVD，無奇不有精彩畫面的資料室，還有尖端播放系統及先進電腦器材設備，特殊的音效，無中生有的畫面，巧妙的字幕變化，真讓我們大開眼界，也了解一個節目的籌備到完成，需動員這麼多幕後的技術人員，才將節目透過衛星發射到世界任何角落，滿足大眾的視聽需求。

　　我們也被安排在一間設備完善的錄音室內，由主持人指導我們製作兒童訪談節目，雖然NG好幾次，但透過工作人

員熟練的技巧，順間剪輯完成、試播，身歷其境，同學笑成一團，我們的初體驗收益良多。在詳細的解說過程，我們也得知在1922年BBC建立初期時，已經是擁有國家特種獨家經營的半官方機構。英國也是世界上廣播電視事業發展最快速的國家之一，採多元化經營，集廣播、電視、報紙和雜誌為一體，在整個英國人日常生活中，佔有極重要的地位，BBC更是全球最大的公共資訊服務網，所作的舉動都須接受廣泛大眾的監督，由於BBC關鍵角色與日俱增，相對的在英國或整個世界媒體行業中，已佔據了領導地位。

牛津故事館

雖然英國遊學行程僅僅三十一天，扣除學校上課及校外參訪，實際上能利用的時間相當有限，為了彌補遺珠之憾，也為了更深入瞭解英國牛津歷史及文化，有關單位特別安排小而美，卻五臟俱全的牛津故事館之旅。

該館位於牛津市區，是一棟三層樓房，面積並不大，但內部設施非常有創意，充分的利用空間，巧思的布局帶來人潮與錢潮雙重利益。該館隸屬私人企業，購票入場後搭坐小型電動軌道車，帶著語音系統，提供世界各國語言，說明環

繞著兩旁奇特、營造古老牛津場景及維妙維肖的名人雕像，用字幕敘述各年代不同的典故，全程約二十五分鐘，就可包覽九百年牛津城開發始末，更可了解牛津大學辦學艱辛，傑出校友的地位及諾貝爾得獎主的資料，仿彿讓您回到時光隧道。幕幕從早期的拓荒精神，到當今現代化都市建設，千奇百怪的造景，採特殊機械控制，無奇不有的燈光變化，驚奇的音效，結合科技元素，如此電動教學，可謂「新鮮到極點」；如此寓教於樂的迷你型室內遊樂園，為來去匆匆的遊客提供豐富精彩的智性之旅。

BBC棚內現場實習製播兒童訪談節目

在英國BBC廣播公司中美麗的主持人合影

劍橋大學　康河尋夢

　　詩人的靈感之泉，非劍橋大學康河莫屬。劍橋大學位於英格蘭風光秀麗、書香濃厚的劍橋鎮。劍橋大學在全世界大學排名在前三名之列，著名的學術聖地，人文薈萃，曾經是誕生最多諾貝爾獎得主的大學，家喻戶曉的東方大文豪徐志摩筆下浪漫的〈再別康橋〉詩篇，也出自此處的靈感，康河 River Cam 橫貫其間。康河是一條南北走向呈現微微彎曲，沿岸種滿翠綠柳樹的小河，遊客可以坐平底小船撐篙，河水並不深，水質清澈見底，水中魚兒閒遊，清晰可見，日落黃昏，乘小船，欣賞沿岸大學城風光，或坐河畔草地及小徑漫步，乃人生一大享受。

　　劍橋大學屬古老大學，歷史相當悠久，大學以科學方面的卓越研究而聞名世界，而學生又有博學多才的教授可以請教，相對的孕育出世界級頂尖傑出校友，燦爛群星，耀眼奪目。佔地廣闊的劍橋植物園，對強烈求知慾的莘莘學子，這裡可以滿足有關植物的任何問題，尋找到需要的答

案，各種奇花異草，水生植物及岩石生態應有盡有，彌足珍貴。

　　一向對植物有興趣的我，充分利用時間，數度前往取經，也奠定日後我投資開設戶外教學生態園區的基礎。在劍橋遊學期間，也在能力分班後與來至世界各國同學共同學習，屬小班制，全班九人來自八個不同國家，西班牙兩人、阿根廷、科威特、日本、德國、阿拉伯、法國及台灣的我，是個小型聯合國，其中我又屬最年長者，不分彼此，度過愉快的學習時光。國王學院、皇后學院，層層的尖塔，富麗堂皇，雕飾繁麗；參觀ELY大教堂、康河尋夢、劍橋古蹟巡禮、室內外體育活動、游泳打球、參觀美術館、博物館、看電影、夜間迪斯可、搭船遊倫敦泰晤士河，觀看噱頭十足的街頭表演，妙筆生花的現場畫畫，參觀海洋生物中心等，一個月的學習過程，又將告個段落，在個人生涯上又增添了一道彩虹。

學術殿堂——劍橋國王學院

古典文雅的劍橋大學教室

劍橋大學植物園種植無數世界稀有的珍貴植物

詩人的靈感之泉，徐志摩筆下浪漫的康河

劍橋大學小班制，九位同學來自八個國家

英國遊學　文化差異趣事一籮筐

　　因為語言不同，生活習慣與文化的差異造成很多的笑話，值得一提的是，在牛津大學的寄宿家庭，女主人白天都到教堂當義工，某天下午下著一場大雷雨，我習慣的趕忙將後院晒的衣服匆忙收起來放客廳（因為女主人房間門關著），內有我的衣服及她的內衣物，不多時，女主人因下雨也提早回家，一進門看到客廳上放置兩人的衣物，很驚訝不好意思如數晾回後院，因為她們習慣下雨不用收衣服，濕了自然又會乾。空氣品質好，沒有塵蟎更沒有酸雨，不知不覺誤會一場，

　　其次是某天晚上，學校課程延長，延誤返家時間，已超過深夜十二點，因為我自己有一把鑰匙，輕輕的開門，怕影響樓下睡覺的女主人，腳步放的很輕，地面鋪的又是地毯，哪知她女兒剛好回家，不知家中多了一個外國學生，全身赤裸在浴室洗澡，時值深夜，不知有人也就沒關門，剎那間我覺得尷尬，她也說聲SORRY，真是陰錯陽差。待她洗完澡

初次見面，禮貌性寒暄，各自回房，她的房間又是同我房間隔著一道牆，國外房間大部份是不裝鎖的，為了方便寵物進出，開放的國度，新鮮趣事盡在不言中。

在劍橋大學的寄宿家庭就不同了，男主人是某著名大型樂園的總指揮，從牆壁掛滿經典的照片中，不難看出他成就的輝煌，在紐約、美國華盛頓特區及多國大城市巡迴公演，女主人則是典型家庭主婦，因為房子大，房間多，也就撥出部份做為寄宿家庭，這次我被分配的是與一位日本女老師同住在她的房子。白天各自到校上課，也因為她是老師，上的課程是高階班，我上的還是初級班，中餐是在學校用的，而晚餐都要回到寄宿家庭，熱心的女主人每天都為我們準備得非常豐盛，寬大的房子也祇有三人居住，男主人是周末或假日才回來。日本的傳統，男尊女卑，在同屋的日本女老師身上發揮得淋漓盡致，晚餐過後都主動幫女主人擦拭碗盤，協助清理廚房，無形中融入英語學習環境，還有那睡前的洗澡，她都堅持最後才洗，無論如何都得讓男生先使用浴室。保守的她也因為房間沒裝鎖，習慣性的每晚都用皮箱去頂著門才會有安全感。有天適逢星期假日，我想今天不上課，索性就多睡一下，直到九點半才起床，想到樓下用餐，結果看

到她還沒用早餐,還在看書等侯,天啊!這才明白,日本人多數傳統習性,一定要讓男性先行使用早餐,她們才敢隨後使用,此刻的我,說一百句的SORRY也於事無補,深感抱歉,這充分顯示生活習慣及文化的差異。

當然還有像是我這身經百戰的老學生,也會在大型的購物中心鬧失蹤,因為女主人帶我去體驗生活購物,我好奇觀看奇特商品而沒跟上,竟然在廣大的購物中心內鬧失蹤,重複的播音尋找,趣味一知半解的對話情境,讓在場看到的民眾,不覺捧腹大笑,增添生活上的潤滑劑。入境隨俗,篤性佛教客家子弟的我竟然也會在異國上教堂做禮拜,阿彌陀佛跟阿門是應該不會有太大衝突吧!在社區家庭聯誼會上,我像是小學生般被介紹給其他人認識,過程趣味十足。

劍橋大學住宿家庭充滿愛心的女主人

牛津大學遊學時，住宿熱心服務的女主人

美麗的西海岸　探索大峽谷奇觀

　　洛杉機位於美國加洲的西南海岸，是太平洋岸的第一大城，當地的觀光事業相當發達，休閒娛樂活動不斷崛起，每天來至世界各地的觀光客絡繹不絕，奇特的風格，深具特色，是西部的大城市，擁有四通八達的高速公路，對外交通非常便捷。洛杉機也是屬於青春的都市，到處充滿熱情與活力，置身於唐人街，仿彿回到自己的故鄉——家鄉口味，中文招牌，讓人在異國感受到故鄉的溫馨。

　　童話王國的迪斯尼樂園是一個非去不可的地方，它把世界上大人與小孩的心都吸引住了，走進樂園，男女老少可以暫時拋開一切煩惱，盡情陶醉，享受歡樂。園區面積廣大，分成不同性質的娛樂區塊，如冒險天地、未來世界、夢幻園地、拓荒歷險及睡美人的古堡等，利用不同的方式展現，或採取機械、營造聲光效果，極其逼真，讓人一嚐尋幽探險的刺激滋味，小小世界，可愛的小公主、小王子，手舞足蹈，好一片世界大同的昇平景象。遊畢迪士尼，讓我兒時的夢想

點化成真，感受洋溢溫馨與甜美。

　　星光閃閃的好萊塢，是世界著名的影城，美國各大電影公司，聚集於此搭景拍攝，製作撼動人心的各種影片，大型的攝影棚內栩栩如生的道具背景，千變萬化無奇不有的場景，讓人嘆為觀止；也可登上電影公司的專用列車，體驗山崩地裂、千鈞一髮、世界末日來臨的情境；更可以摸摸名星親筆烙印的石板，分享好萊塢華貴散發出來的光芒。

　　拉斯維加斯的燈紅酒綠，聲色犬馬，置身其處，如同輪盤的浮華世界，想要碰碰財運，或想一夜致富，可要理智，記得十賭九輸這自古名言教條。拉斯維加斯處處充滿誘人墮落的美麗陷阱，讓人敬佩之處就是地方洲政府能在原始不毛之地，創造出沙漠中的綠洲奇蹟，開闢國際級大型賭場，創造繁榮，提供大量就業機會，增加稅收。白天的拉斯維加一片死寂，但黑夜來臨時，卻展現它最大的活力，歌舞昇華，光眩燦爛，通霄達旦，火山爆發的燈火，讓人如痴如醉，賭城這座迷夢般的城市，深深吸引我走入其中，狂歡狂樂，渾然忘我。

　　黃金之城的舊金山，也是美國西海岸第二大城市，著名的金門海灣大橋英姿煥發。舊金山地勢依山面海，山光水

色，景緻非常秀麗。這裡的氣候溫暖，四季迷人，終年陽光燦爛，市區大廈林立，市容整齊，美麗的花木綻放的花朵，爭奇鬥艷。富麗堂皇的中國城充滿中國色彩及東方情調，讓離鄉背井的東方遊子，如同回到故鄉的懷抱。

　　探索大峽谷奇觀，我與朋友及一對德國年輕夫妻，共搭一架迷你小飛機，飛越大峽谷國家公園上空俯瞰窗外，千岩萬嶺，山巒疊疊，氣勢萬千。在一處台地降落後，週遭奇壯的地理環境，疾風呼嘯，飛砂走石，腳下科羅拉多河滾滾洪流，沖刷激盪，加上大自然的風霜雪雨，形成一片令人嘆為觀止的奇特風貌。返回機場後，發給由機長親筆簽名的歷險證書，見證了這段大自然偉大與奇妙的旅程。

拉斯維加展出世界最大的整塊黃金

拉斯維加展出最早期連號美金

美國西海岸舊金山大橋

搭乘迷你小飛機飛越大峽谷上空，挑戰驚險與刺激

世界七大奇景之一的美國大峽谷，氣勢萬千

千岩萬嶺中建造出多功能的大型胡佛水庫

敲響自由的鐘聲與尼加拉大瀑布

　　友愛之都的費城是昔日美國獨立革命戰爭時代的首都，也是今日美國第二大貿易港。費城不但工商業發達，更是美國的文化、教育和經濟中心，學府聖地的賓洲大學、譚波大學也在此培養出很多出色優秀的人才。

　　費城是以市政廳為中心，城內有許多殖民時代與獨立革命戰爭時代的歷史陳跡，它是一座融合了新與舊，寫滿了美國歷史而又能表現出美國現代進步的大都會。位於市政廳頂端豎立了威廉‧班的巨大雕像，彷彿昔日領導人正用著慈祥友善的態度守衛著城市。雖然費城地區高樓到處林立，但其高度卻不得高過市政廳，也許是對威廉‧班的一種尊敬及對美國歷史傳統理想的一種敬畏，總之費城是美國早期革命的首都，和美國有著密不可分的特殊關係。

　　1776年，獨立戰爭結束，美國發展獨立宣言，就是在這費城的獨立廳宣布爭取美國的獨立自由成果──獨立宣言，而1787年美國憲法的公佈也在此舉行，最重要的是獨立廳

有一口獨立鐘，當年在此宣告獨立建國時，就曾敲響和平自由之鐘。我的故鄉是和平鄉，後來又經營和平農園，又打造一尊縮小版的自由女神手抱獨立宣言的塑像，所以比別人更有興趣了解和平自由之鐘；團員大都是當時國大代表，更有強烈意願深入了解美國革命與建國歷史。整個費城洋溢著堅毅革命精神及溫雅學術氣息，充滿著活潑進取的腳步，令人心曠神怡。

在加拿大與美國東部交接處有一個大湖區，而大湖區內有一座名列世界七大奇景之一的尼加拉大瀑布，該瀑布是集五湖的水源，匯流聚集在上游的尼加拉河，水流平緩，但河流的中央處，地勢頓然落差達五十公尺，於是河水也就垂直下瀉，形成了尼加拉大瀑布。尼加拉河也因地勢不同，可將瀑布分成三個部份，由上而下依次各為美國瀑、羅那瀑與馬蹄瀑。三個瀑布實際是同一源流，但景緻各不相同，其中以馬蹄瀑最為壯觀，氣勢最為雄偉，從加拿大與美國均能欣賞到尼加拉瀑布，整個瀑布像寬銀幕似地展開面前，當上游水還未落下時，平滑柔緩絲毫不起波浪，然而在高低落差下卻產生萬馬奔騰的壯景，一片白浪滔天，一動一靜之間，變化之快，讓人驚嘆。

　　夜幕低垂的尼加拉更是金碧輝煌，氣勢如虹，彩色繽紛，因為在瀑布的兩岸岩石上裝有數十座巨型探照燈，顏色各有不同，千變萬化，飛舞投射在夜空，我們也搭乘少女一號遊艇身穿厚厚的雨衣，到瀑布急水區親身體驗水浪如排山倒海而來的驚險奇景，那一股激湍澎湃，如同千軍萬馬的氣勢，就彷彿從天而降，讓人超級震憾。

費城敲響和平自由之鐘

哥倫布發現新大陸，冒險犯難的五月花號

作者（左）、唐教授（中）、楊教授（右）探險出發了

千軍萬馬排山倒海，搭乘少女一號艇穿越驚險瀑布中

加拿大多倫多與美國交界處，世界七大奇景的尼加拉大瀑布

澳洲無尾熊　雪梨歌劇院

　　澳大利亞位於南半球、東半球，介於南太平洋和印度洋中間，是一個豐富奇妙的旅遊國度，其經濟成就亦屬世界高度發達國家，也是國民生活水準最高的國家之一，經濟的主要重點是高效率能源及畜牧業，也有豐富多樣奇特的自然景觀，教育業更是繼旅遊業之後的另一項產業，在全球佔有樞紐的地位。每年世界各地有不少的學生到此讀書或遊學，為澳大利亞帶來豐厚的外匯收入，並為其智識型經濟吸納更多人才。

　　無尾熊是澳大利亞特有的國家級有袋目動物。這裡溫和優質的氣侯，還有那茂密的尤加利樹林，提供了無尾熊最佳食材及很好的居住環境。無尾熊是特有在樹上居住的哺乳動物，無尾熊的一生有百分之八十都在睡眠中渡過，可避開澳洲酷熱的陽光，到了晚上，活動力開始豐沛起來，是非常有趣的動物。在園區與無尾熊及袋鼠拍照留念是應該也是必要的啦！

　　雪梨歌劇院是今日世界上獨一無二的大型歌劇院，其建築物造型是雪梨人的驕傲，一場又一場的國際級盛大音樂會和歌舞劇是雪梨人的精神寄託。歌劇院位於雪梨灣東側，獨特斜力式半圓白頂建築，如同幾個貝殼疊在一起，非常別緻有趣，據說此一劇院的設計者來自丹麥，設計者的靈感來自切柳丁不可思議的創作，留給世人如痴如醉的懷念，成功的打造出世界頂級的歌劇院。

澳大利亞雪梨歌劇院是雪梨人的驕傲

德國數位影像展　法國浪漫行

　　有感於妻子一輩子的辛勞與青春奉獻予我，共同努力打拼，才享有這趟免費長途旅遊，同時也為了替本身的行業增進更深的知識與寬廣技術，了解未來的趨勢走向，才千里迢迢來德國科隆參觀取經。此次國際大展定名為「世界數位影像沖印暨照相器材展」，展出的廠家都是國際知名廠商，如萊卡、尼康、哈蘇、蔡司、新力、國際、美樂達、柯達、富士、柯尼卡、奧林拍士……等，展出了頂尖照相器材，前衛的光學設備，還有那超越時空的數位影像沖洗系統。科技日新月異，革命式的突破，傳統照相都要底片，沖洗相片需暗房，如今數位化時代來臨，照相不用底片，現拍現看，瞬間編輯，五分鐘全部列印出來，光天化日不需要暗房，速度效率驚人，真的不可思議，難怪連上帝都瘋狂。

　　展場非常廣大，本區到另一區都得搭場內提供的交通車，來自全世界的攝影愛好者及相關業者，人山人海，藉此

盛會，參觀學習，相互交流。德國的輕工業與汽車工業，在世界品牌建立都受到肯定與口碑。

西德位於歐洲的中部，首都在波昂，德國在二次世界大戰戰敗後，分為東、西德。東德淪為蘇俄的附庸，被關入鐵幕之中；而西德卻奮力自強，在廢墟中重建高樓，建設成今日科技大國。萊茵河浪漫之旅，讓我畢生難忘，搭乘白色典雅的觀光船，展開萊茵河兩畔的古城堡及山光水色逍遙遊，風景如畫美不勝收。山坡上，種滿葡萄樹，他們的葡萄釀酒文化，也是當地最大產業，下了船在領隊安排下，在萊茵河畔一家美麗的餐廳享用一頓豐富美味的風味餐，德國豬腳加德國啤酒，漢堡與牛肉餅，美食與醉人的景緻，歌德式的古城堡，碧藍的河水，譜出優美的田園交響曲。

巴黎是歐洲人心目中的藝術塊寶，也是世界著名的花都。巴黎的可貴，不僅是擁有城內無數的古蹟和華宮，而是整座巴黎本身就是一個精雕玉琢的藝術品，有人形容到了巴黎被人調戲也覺得有情調，羅浮宮、香榭麗舍大道、西堤島上的聖母院、燈火繽紛輝煌的歌劇院、氣魄恢宏舉世無匹的凱旋門、蒙馬特山丘頂上的聖心堂、年輕活潑的左岸、聳入雲霄的艾菲爾鐵塔……，在在都是巴黎的象徵。凡爾賽宮宮

廷之美讓人驚艷，宮廷外圍花園的美，與其相互輝映，巴黎的夜景更美到無法形容，我與老婆漫步在塞納河畔，清風微微吹過，夾帶著飄來濃濃的咖啡香味及過往的妙齡女士散發出醉人巴黎香水味，好美，好美，難道這不也是上帝賜給我倆最佳禮物嗎？

德國萊茵河畔古城堡

法國地標，巴黎艾菲爾鐵塔

快樂的德國數位影像知性之旅

德國科隆展出世界數位影像暨照相器材

氣魄恢宏、舉世無雙的法國凱旋門

從電腦白痴到PhotoShop專業軟體

　　自從離開德國數位影像科技大展，回到自己的工作崗位後，對於日本參展的數位影像沖印系統，就結下不可分離的緣份，朝思暮想。觀念前衛的我，無論如何對這尖端科技產品勢在必得，想搶先使用，但又礙於財力負荷不起，當時每套設備含周邊器材要價台幣近六百萬元。我寧為雞首也不做牛尾，客家人硬頸精神，打死不退，透過台灣總代理商，溝通協調，允許以分期付款方式購買，但頭期款最低得先付三分之一以上，就這樣我如獲至寶，滿足心願，從裝機到技術指導，員工的培訓，我都事必躬親，膽識跟魄力受到肯定，後續的作品也被報紙大篇幅報導，時代的巨輪在前進，科技的日新月異，設備的汰舊換新，從不缺席，最感欣慰的是每次使用過的二手機器都賣在大都會區，印證我創新與領先的經營之道。

　　身為電腦白痴的我，為迎接E世代的來臨，初期都有賴兒子協助，但後來兒子自己工作也忙碌，無法滿足我在電腦

上的渴望，為了長期之計，決定學會電腦，讓兒子充當老師，教導我如何操作打字及運用。初期學習電腦打字，因為不曾接觸，完全門外漢又沒有底子，利用口語拼音，結果或許我五音不全，電腦辨識力還是無法接受，痛定思痛，恢復正規注音學起，由淺而深，由易而難，皇天不負苦心人，終於克服自己可以獨當一面操作了，尤其在工作上，專業Photoshop軟體都可以得心應手、運用自如，或者上網尋找資料帶來生活上很多的方便，更可以提供精神上的寄託。所謂天下無難事，祇怕有心人，挑戰老二哲學，也不願意從生活中E化脫節，豎立學習精神，讓下一代敬佩與尊重，如今可以一天沒吃飯，但不能一天沒電腦。

九二一世紀大地震　員工被壓死了

「羅經理、羅經理趕快起床」，焦急的敲門催促聲，正在睡夢中的我聽到員工如此緊張呼叫，直覺上覺得情況不妙，這時已是清晨六點鐘，員工要我趕快看電視，新聞快報正播放台灣史上最大的地震，死傷慘重，頓時我心急如焚，如同熱鍋上的螞蟻，瞬間拿起電話往台灣店裡打，數次不通，再往故鄉家裡打，還是沒人接，這時腦海中已浮現不祥徵兆。

然後又往台北胞弟打，他也數度打回故鄉，但電話也不通，唯一能得知的是靠電視得來的資訊，但電視都沒報導東勢災情，後來才知道是完全斷訊，情急之下，沒帶任何行李，僅帶台胞證及身份證明文件，飛速搭長途大巴趕往澳門機場。抵達機場後，人山人海如同難民潮，飛往台灣的班機班班客滿，我也買了數張各航空公司的機票，等待候補，祇要能搭上飛機，能飛回台灣，不惜任何代價，但希望還是落空了，好不容易有一班飛往高雄的末班機，不加考慮，也

就搭了。全程心裡忐忑不安，如坐針氈，胡思亂想、歸心似箭，快速再轉搭野雞大巴從高雄直抵台中市，時值深夜又包計程車回東勢，那時已經是九月二十二日凌晨，車經石岡過後就沒電力了，四周一片黑漆，有如人間煉獄、世界末日，兩旁斷垣殘壁，救護車鳴笛聲不時呼嘯而過。

回到家裡，旁邊的麵食店也倒了，幸虧自己精心蓋的樓房沒倒，黑夜中還屹立著，我趕緊尋找家人，但四周還偏尋不著，附近學校操場、停車場到處睡滿人潮，天氣寒冷，棉被都把頭蓋著，無從找起，好不容易來到臨時成立的救難中心，當時場面非常悲淒，作業凌亂，死亡名單好幾頁，情急之下誤報、亂報、重複登記，難以掌握正確數字，慶幸名單上沒有家人名字，又趕往附近醫院，也是沒結果。這時已是凌晨兩點，因為沒電全鎮漆黑，正要回程之際，看到東勢農民醫院燈火通明，救護車不斷進出，醫護人員非常忙碌，死亡的、重傷的，家屬的哀號聲，呼天搶地，如同戰爭中的軍醫院，搶救生命，驚天地動鬼神。

在一片忙亂中忽然間看到牆上貼出的名單竟然有我老婆的名字，我嚇一跳，查詢之後得知她來過這醫院，但上面名單還沒有歸類死亡的、重傷的、轉院或輕傷都還在處理中。

第一次親眼目睹如此多的屍體，被壓得面目全非，到處是血淋淋，哭斷腸的人間慘劇。我趕快繼續尋找家人下落，來到隔壁石岡鄉她的娘家，途中遇到一位老阿婆，看到我來馬上下跪，感動得老淚縱流，哭泣向我訴說她的孫女昨天地震被壓死了，這時的我非常錯愕，摸不著頭緒，我並不認識她。後來才了解她的孫女是我的員工，她到過店裡也認識我，也許我有健忘症，不認得她，她感謝我，天剛亮就到她家關心。天啊！真是陰錯陽差，我還正在找尋妻兒，就這樣我又馬上到附近的活動中心臨時搭成的停屍間找到員工的屍體，唉！以前是美麗有活力的青春少女，如今看到的卻是血肉模糊慘不忍睹的一具冰涼屍體，我心都碎了，我痛哭協助她家人處理善後，忙亂中才得知家人已無大礙，老婆祇是輕傷。在學校救難所，每人都分配帳棚，相關單位有妥善安排，慈善單位陸續抵達災區，提供各項救難服務，有驚無險，老天保佑終於見面團圓，在這世紀大災難中，更需莊敬自強，一方面整理家園，另一方面展開自己工作，為往後歷史做見證、拍攝記錄災情。

日本NHK蒞臨　作者頂樓拍攝災情

　　1999年九月二十一凌晨一點四十七分，台灣發生有史以來規模最大的地震，達芮氏七點三級，其威力相當於三十顆廣島原子彈。地震中央在集集背方山區，死傷慘重，是二十世紀末期台灣傷亡最大的天災，依當時官方統計資料死亡人數高達兩千四百十五人、失蹤三十人、一萬一千三百零六人受傷，近十一萬戶房屋全倒或半倒，尤其是中華民國山嶽協會飛鷹登山隊十五位隊員在橫貫公路六十一點五公里處遇土石滑落，慘遭活埋，沿途坍方，無法救援，而全車隊友不幸罹難。

　　我的故鄉東勢鎮與和平鄉也山崩地裂，柔腸寸斷，面目全非，到處斷垣殘壁、滿目瘡痍，鄰近的石崗水霸、二道閘口也陷落五公尺，王朝高樓也橫躺馬路中，學校被震垮，我東勢店後面的本街整條街幾乎成了廢墟，山城死亡人數超過全國罹難人數四分之一，是此次地震受災最嚴重的地區，來自世界各大媒體不斷湧進做採訪報導。

原本的綠水青山全遭撕裂，寺廟橋樑也斬斷腰，遍傷屍體，納骨墳場全混淆，家破人亡魂難消。因為本人一向重視建築結構要求紮實，樓層較高又在市中心，行政所在地，視野廣闊，居高臨下，全鎮一覽無餘，很多媒體在我家樓頂拍攝，日本NHK電視台更不例外，因為我本身也是攝影師，但對他們的攝影師，由衷的敬佩，敬業精神值得我學習，不怕繁雜，細心規劃取景、角度、構圖，頂著炎日大太陽，數度補拍，力求完整畫面，汗流夾背，透過鏡頭，做歷史的見證人。

值得一提的是，在東勢大雪山林業場後面提供暫時的停屍間，停放數百具慘不忍睹、血淋淋面目全非的屍體，一堆又一堆，擠滿痛苦失聲的家屬，仿彿人間煉獄，旁邊堆積如山、由慈善單位捐獻提供的棺木，讓人看了為之動容，鼻酸淚流，為了拍攝這傷心的歷史，山河變色的畫面，我哭了，鏡頭也濕了……。

日本NHK電視台蒞臨作者家頂樓拍攝九二一東勢災情

作者為九二一歷史作見證，到處拍攝災情剪輯，呼籲風雨生信心

非洲自然生態　鑽石與野獸

　　南非位於非洲大陸的最南端，左握大西洋，右牽印度洋，是兩大洋交會的要衝。寬廣的綠色大地，一望無際的山野遼闊，動人心魄的黃金光輝，晶瑩剔透的鑽石光芒，成為世人羨慕的財寶王國。南非最大的財富就是礦業，堆積如山的黃金，遍地可採的鑽石，使南非一夜致富，身價百倍，黃澄澄的金磚，在約翰尼斯堡熠熠生輝，多如砂粒的鑽石耀眼奪目。南非的黃金與鑽石產量獨步全球，因此也引起南非四周鄰國人民來此尋求工作機會，參與開採與加工的行列。

　　約翰尼斯堡是南非第一大城市，市區的高樓林立，五花八門的娛樂場所處處可見，來自世界的觀光客每天川流不息，現代化的城市，繁華風貌全然與先進的歐美相互接軌。它最迷人之處、任何國家無法相比的，就是它從礦業中站起來，黃金就是它的生命。全世界的人很少不愛黃金與鑽石，當今世界經濟為了抗拒通貨膨脹，也都以黃金做為保值工

具。南非是世界上最多金的國家，而南非的黃金又幾乎都產於約翰尼斯堡，所以約翰尼斯堡也被譽為金都，光芒萬丈。

我搭上礦工運煤的貨斗車，頭戴安全盔，盔頂裝有小投射燈深入黑漆漆的礦穴，從潮濕多苔的通道，整個坑洞都用木架頂著，走入時光隧道，彷彿看到黃金初現的古老世紀，也說明早期金礦工作的艱辛，一鎚一鑿地採取金礦，坑道內溫度又高，為了開放參觀，防止遊客偷盜黃金粒塵，地底洞內到處裝有偵測器，警衛森嚴，出口處也要嚴密搜查，連鞋底都不放過，利用偵測電動鞋擦，可以吸入任何沾在鞋底的黃金塵。參觀金礦博物館，讓人大開眼界，嘆為觀止，金光閃閃，誘人的金礦，每塊重達十二點五公斤，各種耀眼的鑽石，讓人心動。

非洲的拉斯維加斯——太陽城，佔地二十五公頃，位於約翰尼斯堡西北方約一百二十公里處，它是一座國際性大型娛樂城，浩大的建設巧奪天工，還有渾然天成的自然美景，富麗堂皇的影劇院、高爾夫球場、人工沙灘、人造海浪、用黃金打造的各種動物造型，我何其有幸能住在這六星級的皇宮大飯店，享受帝王般的尊貴與服務。

　　我們也參觀了南非最大生態動物保護區——克魯格國家公園，佔地面積二萬多平方公里，幾乎是台灣的三分之二大。我們搭乘「囚」車，雖然是一派悠閒，體驗清新的非洲風情，但為了安全起見，原則上途中是不能下車，讓動物看我們，我們看動物。在寬闊的叢林草原區內看到羚羊在飛奔，兇猛的老虎怕熱，靜靜地在沉睡，獅子互相在追逐，花豹則在痴痴等待獵物；夕陽西下，成群的大象，迎面而來如雷的震撼聲，讓我們驚嚇。我們不敢驚動在池沼內泡湯的鱷魚，長頸鹿抬頭在車旁查看我們是否有帶身份證，黑白相間的斑馬擋在路中間，斗大的禿鷹從空中掠過。這裡沒有槍聲，也不必驚惶，飛禽走獸來去自如，整區原野風光，令人讚嘆！

　　南非的美令人迷眩，它又是文明，也是原始，在高樓華城之後，一片自然生態動物天地，黃金與鑽石構繪出南非特有的魅力。

非洲的拉斯維加，太陽城帝王級皇宮大飯店

體驗礦工的艱辛，深入古老世紀開採坑道

搭乘升降機深入地底參觀金礦開採

天涯若比鄰，四海皆兄弟

南非最大生態動物保護區——克魯格國家公園

南非的守護神，作者登上市區巡防車

梵帝崗聖彼得教堂　曼谷王宮

聖彼得教堂

　　梵帝崗位於義大利首都羅馬城西北角高地上的國家，也是全世界土地最小、人口最少的國家，但它的宗教力量及政治影響力卻是最大的，同時也是世界天主教信仰的中心。梵帝崗面積只有零點四四平方公里，人口僅有一千人左右，但每天來此參觀世界各地的觀光客及信徒卻有數萬人之上；如有宗教活動，全球聚集此地的朝聖者高達數十萬或百萬人潮。

　　作為世界六分之一人口的信仰中心，也是一個宗教領袖制的國家，世界最大的教堂也座落其中——聖彼得大教堂，外觀莊嚴神聖，氣勢宏偉，內部陳設金碧輝煌，華麗到無以倫比，亦是世界最大圓頂建築之一，教堂前面一片寬闊廣場，寬兩百四十公尺，兩側由大理石柱環抱，呈現橢圓形，有兩百八十四根超越一米圓柱，及八十八根方柱，分成四列，形成三條氣勢恢弘的走廊。前後費時一百二十年，集

羅馬文藝復興及宮廷式設計，為當代建築藝術精力心血之結晶。聖殿佔地兩萬兩千平方米，正門朝東，西向耶路撒冷，石壁採天然原石色，巨幅彩石壁畫鑲嵌，蔚為壯觀，身歷其境親眼目睹，如此世界級的宗教、政治及文化聖地，又是人生之幸。

曼谷王室

泰國是佛教王國，全國有百分之九十五以上的人口信奉佛教。到了泰國，處處可見林立著千佛萬寺，燦爛輝煌，梵音繚繞。泰國人親切友善，除了環境品質優越，還可看出他們虔誠信仰，泰國的男孩子一生成長過程中，是要經過入廟過著一段和尚的日子，也要學習經文佛典，更要修身養性及出門化緣，在這種濃厚的莊嚴祥和氛圍下，培養了泰國人溫和友善的親切，見人習慣合掌為十，展現微笑與真摯，泰國也是世界上稻米生產國之一，品質優良，早已聞名全球。

曼谷的王宮與寺廟是全市的精神，也是最美的地方，王宮與寺廟都建在湄南河畔，建築本身講究多彩瑰麗，黃色的尖塔在陽光下閃閃發光，重重疊疊的屋頂，貼飾金箔的廊柱。在河光反射下，將曼谷妝點成一座輝煌的城市。根據泰

國人的信仰，國王居住的宮殿稱之為「宇宙的中心」，因此整個曼谷的建設就依這樣的思想邏輯而建造的，以王宮為中心，第一圈是寺廟和官方建築，再來就是商業區及住宅區，整個市容建築井然有序。

玉佛寺位於大王宮區內，是全泰國最著名的寺院，全寺都貼上金箔，並鑲嵌五彩繽紛的玻璃圖案，整體充滿富麗華彩氣勢。

泰國是國際知名的旅遊勝地，景點豐富、精彩，真讓我這異鄉遊子依戀難捨。

世界土地最小，宗教影響力最大的梵蒂崗聖彼得大教堂

泰國是佛教王國，曼谷王宮建築金碧輝煌

荷蘭的鬱金香　比利時的小尿童

荷蘭的鬱金香

　　荷蘭位於西北歐東部與德國北部相鄰，南接比利時，北面與西方均為大海圍繞，首都在阿姆斯特丹。荷蘭有「地低國」之稱，全國三分之一的土地在海平面下，有五分之一的土地是填海造地而來。「上帝創造了世界，但荷蘭是荷蘭人自己造出來的」，所以才有「荷人造地」的美譽，風車是荷蘭標誌的象徵，為了灌溉，到處可見，因為我跟內人對拈花惹草有濃厚的興趣，也為未來開闢遊樂園植物先做準備，想藉此購買台灣沒有的特殊花種，所以特地兩人一起前來，除了參觀遊覽外，順道取經，學習種植技術。

　　荷蘭雖然是一個小國家，但是它征服了大海，可以在海上稱雄，今日的荷蘭已不在航大海，但是與海爭地的計畫，無時無刻還在進行著，富饒的新生地帶來更多的財富，荷蘭人民也因海而富裕，穿著木屐種鮮花，大量種植美麗的鬱金香，出口銷售全世界，創造可觀的外匯收入。這種顏

色艷麗、風姿翩翩的美麗花朵,受到全世界人類的喜愛,透過政府大量推廣,研究改良,加上新品種不斷推陳出新,結合技術與氣候環境優勢,屢創佳績,舉世無雙,如今台灣擁有「世界蝴蝶蘭王國」的寶座也被荷蘭取代。一望無際的花田,美麗的風車,演奏著優美田園交響曲的旋律,置身在世外桃源的幸福。

阿姆斯特丹原來祇不過是個不起眼的小漁村,如今已成為朝氣蓬勃的國際大都會,入寶山豈能空手而歸,我挑選一些特有品種的種子及漂亮的小木屐,做為贈送親友的伴手禮。

比利時的小尿童

比利時的國土很小,僅三萬五千平方公里,比台灣還小一千公里,它的土地呈三角狀,北西與荷蘭相接、東接德國、西鄰法國,首都在布魯塞爾,國家雖然很小,但布魯塞爾則有大城市的氣勢,馬路又寬又直,市區高樓林立,街道兩旁種滿爭奇鬥艷的盛開花朵,建築物輝煌富麗、雕飾精巧,市容有著巴黎的風格,市政廳前的大廣場有「世界最美的廣場」之稱。

　　布魯塞爾市的代表圖騰是一座身高六十一公分的四歲小尿童雕像，傳說中十四世紀布魯塞爾遭到外敵圍困，敵人面對城內軍民頑強的抵抗，企圖用炸藥炸毀城牆，勇敢的小市民（于連）無意間看到地上有一條爆破用的導火線在燃燒，他急中生智用尿尿澆熄了導火線，而拯救全民轉危為安，免於死難，所以當地熱心的民眾特意鑄造小尿童的銅像送給市政府，當成愛國主義教育的寶藏。小兵立大功，激發全民愛國主義思想，他不像美國自由女神那麼大，也不像法國艾菲爾鐵塔那麼的雄偉，祇有一座六十一公分高的小尿童像，每天吸引全世界的觀光客卻數以萬計，除了帶動城市發展之外，也成了文化特色、帶來無限商機，那銅像憨稚的笑臉永遠不變，他代表著比利時布魯塞爾城市的活潑，健康幸福與安樂的縮影。

　　我佇立在小尿童銅像前，深思一個國家無論它的大小，人民的多寡，祇要能建立特色，利用精彩故事行銷包裝，還是會開出成功的花朵，如同目前的杜拜，沒錢沒資源，也可打造國際觀光傳奇，小小的尿童卻給我人生很大的啟示。

永恆之城的羅馬　沒有戰火的瑞士

羅馬

義大利國土狹長、突出於地中海，形狀如長鞋，首都是羅馬。

義大利歷史輝煌，是早期著名的羅馬大帝國，在世界上，像羅馬那樣能夠栩栩如生地表現它的過去歷史景點，已為數不多了。這裡的古代遺跡星羅棋布，無數的建築壯觀輝煌，讓人回憶起古時候的光榮歲月，羅馬集義大利各地文化、政治、文學及音樂的特殊成就，對西方文化貢獻非常的大，文藝復興運動也淵源於此，處處充滿濃厚的文藝氣息，每天來自世界各地的觀光客絡繹不絕，無論在都市或城鄉風貌，都可以看到羅馬大帝國的古蹟。還有那民謠風氣最盛的文藝復興中心佛羅倫斯（翡冷翠）。我置身於米開朗基羅巨大雕像前，仿若重返中世紀的氣氛中，浪漫水都威尼斯更讓人心曠神怡，可容納六萬人席次的鬥獸競技場，更顯出建造的艱辛，依幾何原理所建築的萬神殿看來雄偉壯麗。

　　義大利南端是威蘇威火山爆發的龐貝古城，因噴出濃密的火山岩石，所有在地居民一瞬間無一倖免，僅剩古城遺跡供世人憑弔。奇妙的卡不里島、藍洞，美到筆墨難以形容。我們是搭乘大船在外海停泊，然後又轉搭六人座小舢舨在天然洞口外排隊等侯，根據浪潮開放，分批進入洞內參觀。洞內的海水呈現亮晶晶的藍，清澈見底，讓人不禁感嘆大自然神奇與奧妙，那種藍，是用盡所有顏料也調不出來，美到遊客幾乎可以忘記呼吸，是我一輩子都不會忘記這無法複製的山水畫。

沒有戰火的瑞士

　　瑞士的國土像一片梧桐葉，平躺在阿爾卑斯山的肚面上，全國面積僅四萬兩仟平方公里，比台灣三萬六千平方公里大一些，但海拔高度平均在一千三百五十公尺以上，峰峰相連，湖泊點綴其中，山川秀麗冠絕全歐，因此瑞士有「世界最美的公園」稱號。

　　在拿破崙戰敗後，歐洲各國舉行維也納會議，瑞士重申中立地位，並確立了今天的國界，不與戰爭來往，金融儲存信用可靠，目前世界各國大筆外匯都存入該國銀行，避開戰

爭風險，「永久中立」已成為瑞士舉國上下一致、牢不可破的傳統，二次大戰後，瑞士至今未加入聯合國，沒有戰火的威脅，到處充滿清純的笑語聲。

瑞士是一個山國，土地資源及礦產又不豐富，而瑞士人非常聰明，藉著它湖光山色的美景打造「無煙囪工業」，大量發展觀光，創造「世界最美的公園」，同時也是世界上第一個設立國家公園的國家，用心保護自然生態景觀，建造登山車，登頂鐵力士山，還有它那馳名全國、精準的勞力士錶及其他精細加工業，為瑞士賺取大量的外匯。我搭乘登山車，登上鐵力士山的少女峰，放眼望去皆冰川四海，雪樹銀花，白雪皚皚，如置身萬年冰宮，世界真美！

義大利威蘇威火山爆發地——龐貝古城

義大利羅馬的鬥獸競技場古蹟

義大利佛羅倫斯（翡冷翠）

瑞士鐵力士山頂峰的萬年冰宮

觀摩后宰門小學　西安外事學院

后宰門小學

「連爺爺！您回來了！您終於回來了！」這是三年前耳熟能詳的熱門童言童語，也是前副總統連戰小學時的母校——西安后宰門小學。因為連戰的造訪，在台灣曾轟動一時，而今天該校也是我們觀摩的對象之一，也因為近日單位安排參訪的學校很多，有職業學校、小學、中學、大學、幼兒園及特殊教育學校，分組做學術交流、參觀訪問。

我們搭專車抵達后宰門小學大門口後，一群有活力充滿朝氣的學生鼓號樂隊在入口處表演，熱烈歡迎我們的到來，首先由白校長致歡迎詞，通過石榴區通道，兩旁布滿兒童優秀作品，聽取簡報後，與該校教職幹部做學術上的心得交換，了解彼此教育文化。更了解后宰門小學如何創辦學生的成長樂園，如何堅持遠航碼頭的教育精神，在王書記曉玲的領導、白校長彩玲努力辦學的風格及教職所有幹部的用心下，打造出一所聞名全省的師範小學，獲得上級的肯定與

多項殊榮，形成了愛國、求真、求實、進取的良好校風。在教育、教學活動中尊重學生個性，重視學生全面發展，培養出無數優秀國小學生，從成長到開花，走過一條令人矚目的發展之路，從學校的硬體建設，老師的年輕化，多元化的教學，讓每個小學生文武雙全。我們參觀了學生現場書法、舞蹈表演、美術作畫、自然實驗室、電腦教室、多媒體會議室……等，全部滿足教育教學的多元需求，透過多媒體活潑生動的教學系統，從一年級到六年級都有英文教學課程，從幼小開始培養國際觀，增加視野領域，學習如何與國際接軌，一所平凡的小學校有如此傑出成就，能開花結果全校師生與有榮焉。

西安外事學院

這是一所非常年輕的學院，校訓是「多元集納、綜合創新」。他們集納多元化的思想理論，包容各種學術觀點，集納國內外、校內外有用人才為我所用，集納多個層面、多種形式、多種辦學格局，堅持科學創新的教育理念，培養有創新精神和實踐能力的優秀學生。走進西安外事學院的魚化教學區，宛如置身國外，所有建築物都西式、歐化，寬廣的園

林校園，亭台樓閣，綠草如茵，鮮花怒放，超大的人工湖面與歐式教學樓，相互輝映，蔚為壯觀。

　　據資料顯示，該校培養學生良好的素質與出眾的能力才華，社會各界給予相當的肯定與認同，該校畢業生每屆都供不應求，因為該校「外事」的成功，與世界的美國、加拿大、澳大利亞、英國、瑞士、新加坡、日本、南非……等許多國家，建立校際友好關係，達到聯合培養協議，從1992年創校迄今也祇不過十幾個寒暑，而學生人數遠超過三萬多人，這真的稱的上「外事」奇蹟，利用企業精神，採取企業化管理，由一批經驗務實的教育家，打造出「外事」超常發展的輝煌篇章。

西安后宰門小學白校長彩玲（中）、王書記曉玲（右）

充滿活力的鼓號樂隊歡迎華夏園丁

打造教育遠航碼頭的西安后宰門小學

活潑可愛的小朋友表演迎賓舞

石榴區通道展示小朋友各類優秀作品

小朋友現場表演書法秀，妙筆生花

西安外事學院表演精采節目與團員合照

西安外事學院實習電視播報場景

丹麥、瑞典、挪威、北歐風情遊

　　此趟北歐之旅也是公司免費招待的，更是自己努力奮鬥來的成果，天下沒有白吃的午餐，一步一腳印，人家每天工作八個小時，而我每天工作都超過十六個小時以上，輝煌的業績接受招待，實至名歸。暢遊大江南北、五湖四海，我會比別人更珍惜、體驗各國文化，了解風俗民情，品嚐異國風味美食。此次行程標新立異，新鮮刺激，從桃園中正機場出發，直飛德國，德國的火車之旅，來到歐洲最大港市漢堡市，然後火車又從漢堡碼頭，直接開入大型遊輪船艙內，火車分節並排，船艙內有鐵軌，方便岸上連接，就這樣火車坐船，乘風破浪，浩浩盪盪通過一望無際的大海，而遊客從船艙搭電梯到客艙，享受各項娛樂及美食，尊貴的遊輪客房VIP層級的服務，讓我畢生難忘。

　　船抵丹麥港口後，我們又回到火車上繼續展開北歐風情之旅，到了丹麥才知道，所謂的寫起童話故事不用打草稿，我們遊覽安徒生的故鄉奧丹斯，觀光客川流不息，也一睹傳

奇安徒生故事館，了解安徒生幼小生命過程也相當坎坷，十四歲就離鄉背井到哥本哈根，那時他的父親已經過世，母親又改嫁他人，只留下年邁的祖母和他相依為命。因為安徒生從小就喜歡閱讀天方夜譚的神奇喜劇故事，常常一個人跑到森林或湖畔，沉醉在美麗的大自然中，獨立編織七彩童話仙境。安徒生一生寫了無數精彩動人的故事，被譯成七十種不同的語言，迄今世界各地的兒童對他的童話故事還是那麼的熱愛，尤其是那哀戀動人的美人魚銅像，還痴情的凝望遙遠的天際，等待王子的歸來，纏綿的愛情故事，不知道感動多少少女的芳心。

　　丹麥是以農業為主的國家，盛產肉類、乳類奶油，是世界各地經營畜牧的典範，而哥本哈根是丹麥的首都，也是全國政治、經濟文化中心，而克麗斯汀堡是丹麥以前的王城，也是目前的國會，富麗堂皇的宮殿建築，讓人思古幽情。

　　北歐的工業鉅子——瑞典。從早期的野蠻變成今日北歐的首富，耐人尋味。早期的瑞典人是以狩獵和捕魚為生，後來人民開始與羅馬人交易，才改變貧窮生活。幾十年來又轉向發展汽車工業，著名的SAAB、VOLVO汽車行銷全球，誇躍國際，建立品牌口碑。瑞典的凡爾賽王宮，外觀是巴洛

克式建築，綠色的屋頂，在陽光的照耀下，更顯恢宏，庭園
仿法式格局，寬大平坦，綠草如茵，包圍著整座王宮，并
然有序的林中小徑，穿越其間，兩旁立有許多銅像，蔚為
壯觀。

　　挪威擁有世界最多的峽灣，也是航海漁業最發達的國
度，挪威東北鄰俄羅斯、芬蘭，南與丹麥隔海相望、西臨大
西洋，靠海維生，魚類加工品大量出口，龐大的商船航運也
為挪威賺取巨額的外匯，挪威人克苦耐勞精神，更值得我們
學習效法。

　　奧林匹克滑雪比賽場地，我們也沒錯過，尤其是那佔
地三十公傾、獨具特色的藝術公園，到處樹立奇形怪狀的人
物雕像，或坐或站，動作千奇百怪。喜怒哀樂擁有最具體的
表現，公園中央一隻大石柱高立，其中由柱根到柱頂，雕
刻著從小孩到老人，男女原始面貌動作——呈現眼前，美
不勝收。

丹麥童話故事中的美人魚

挪威特殊的生活藝術公園

挪威世界奧林匹克運動會滑雪場

瑞典凡爾賽多路尼庫耳摩王宮

新疆、黑龍江　兩萬五千公里長征

　　「讀書旅行，旅行讀書」，為了探索中國五千年的歷史文化，進一步了解祖國山河的秀麗，這次我不搭飛機，改搭火車做為旅行的交通工具，有更足夠的時間，飽覽沿途不同的山光水色；從炎熱的廣東到寒冷的新疆，體驗不同的風俗民情。

　　這趟遠行我從廣東省佛山市出發，先來到廣洲市火車站搭乘火車，直達甘肅省的蘭州市，途經湖南省長沙市、湖北省武漢市、陝西省西安市，經天水到達甘肅省蘭州市，在蘭州市區住一夜，順道暢遊「絲綢之路」的交通樞紐蘭州市，到白塔山旅遊，參觀黃河第一橋……等景點。然後又從蘭州出發，經嘉峪關、哈密市、吐魯番大盆地，到達西域最大城市烏魯木齊，再從烏魯木齊包車到天池。天池風景區位於新疆維吾維爾自治區境內，有人稱天池是大地的眼精，古稱瑤池，傳說中天池是王母娘娘梳妝台上的銀鏡，也有人說是王母娘娘的沐浴池，無論如何，天池的自然景觀資源，卻是歐亞大陸最美的代表，放眼望去，白雪皚皚雪樹銀花，冰川四海，湖

邊森林峽谷，充滿獨特神彩，著上維族裝騎上駿馬，英姿昂然拍照留念，超甜的哈密瓜，配上熱吱吱香辣的羊肉串，再來一串無籽吐魯番葡萄，這也不就是「優美」人生嗎！

　　從烏魯木齊到上海，途經河南省鄭州市這段里程就多達四○七七公里。從上海到廣洲又是一段漫長的旅程，途經江蘇省、南京市、安徽省、江西省、南昌市，回到廣東省廣洲市，再回到佛山。休息幾天後，又往廣洲火車站，搭京九鐵路火車直達北京，再轉京哈鐵路途經遼寧省的瀋陽、經過吉林省的長春市、來到黑龍江省的哈爾濱市，這裡是中國最北的一個省，因省境東北有黑龍江而得省名。寬大的東部平原稱三江平原，由黑龍江、松花江、烏蘇里江沖積而成，平原地勢低平，而松花江是黑龍江最大支流，發源於長白山上主峰的白頭山天池，由東南向西北流，松花江也是中國東北境內航運價值較大的河流，夏天豐水期可通航千噸以下之江輪，而冬天江水封陳，江面上可通行汽車。松花江流域範圍多山重疊，滿佈原始森林，集大興安嶺、小興安嶺，長白山上的自然美景，結合成中國面積最大的森林區。

　　哈爾濱市風景秀麗，市內有許多俄式建築，精巧典雅。哈爾濱以冬季冰雕節盛名，一座座玲瓏剔透的冰雕城堡，千

奇百怪的冰雕作品栩栩如生，為哈爾濱的冰天雪地增添無限
的魅力。

在西域最大城市烏魯木齊火車站前留影

大地的眼睛——天池，作者身著維吾爾族服裝、騎著駿馬的雄姿

絲綢之路，甘肅省蘭州市黃河第一橋

搭乘火車旅遊翻山越嶺，這段路程高達四〇七七公里

松花江江面已結冰，到處冰川四海，對岸是太陽島

黑龍江省哈爾濱市火車站

哈爾濱到處充滿俄式建築

上海城市規劃與浦東的開發

　　早上課程是由擁有中國科學院士，及法國建築科學院士雙頭銜的鄭時齡教授為我們講解「上海城市規劃與建設發展」的主題。上海的快速都市化，帶來全新的繁榮風華，上海為舉辦二〇一〇年世界博覽會，全民上下共同努力打造一個嶄新的上海。世博會將是探討人類城市生活，大規模前瞻性，以創新和融合為主，是一項建築美學大展的盛會，回憶起二〇〇五年我們還在課堂上聽課，那時世博案還在紙上作業，二〇〇六年年底才開工，如今二〇〇九年即將全部峻工。

　　如此重大工程，不得不佩服他們的決策與執行效率，他們訂出明確目標與方向，與北京奧運會建築比高低。世博主軸在空間視覺上將跨越黃浦江，把先進的浦東與繁華的浦西串連起來，無論是空間景觀和城市交通，將是上海的壯舉，無限美好的上海，令人拭目以待。鄭教授精彩的演講，精闢的分析解說，活潑生動的影片展示，獲得如雷的掌聲。

　　下午的課程則是實地了解上海的城市規劃、及如何航向國際圓世紀大夢的建設藍圖。首先我們參觀上海城市規劃展示館，該館設在上海市政府的東側，北靠人民公園，是展示上海城市規劃與建設成果的重要視窗，室內建築面積高達二萬平方米，展覽室空間七千平方米，展出主題「城市、人、環境、發展」，其中有六百平方米透過巧妙精緻手工加上科技手法，製作縮小版的上海城市模型，全面展示上海至二〇二〇年城市未來希望藍圖。整館規劃極具專業性、知識性、趣味性、藝術性，融入歷史和未來為一體，充滿無限美好的未來，讓市民看到幸福理想的明天。

　　參觀中國第一世界第三的摩天大樓：金茂大廈，搭乘高速電梯登上八十八層、這個迄今為中國最高最大的觀光廳，將黃浦江與浦東、浦西美麗景色，一覽無遺，是一棟具現代化氣派，又有民族風格標幟性建築。展翅高飛，這是上海浦東新區規劃指標 中國政府在穩定發展中特別開放浦東，使它將來成為長江流域經濟發展的重心，將上海發展成為中國、甚至於亞太地區的經濟、金融、貿易中心。從政府浦東建設開發區的簡報中，再看看目前整體建設的場景，有信心藉著優越的地理環境和良好的發展前景，與隔江相望的外

灘，結合世界博覽會重大建設工程，打造出現代化城市中的
世外桃園，我們夜遊黃浦江，看見十里洋場風華再現，東方
明珠繽紛的燈火，南京西路的人潮，上海的明天會更好。

與中國科學院士、法國建築科學院士鄭時齡合影

與前立委馮定國共遊美麗、金碧輝煌的黃浦江夜景

上海城市規劃展示館內展示精緻的建築模型

展翅高飛　上海浦東新區規劃新指標

城市人環境發展規劃二○二○年前的上海美景

上海市政府團隊努力打造東方明珠，上海明天會更好

我參加北京、天津中華文化研習營

　　立足台灣，放眼大中華，這次活動名稱為「暑期領袖精英北京、天津文化研習營」，由大陸海協會及中華文化學院主辦，台灣海峽兩岸教育交流促進協會協辦，主題是了解北京、天津歷史文化名城，藉參觀造訪式交流，深入歷史弘揚中華文化，綿延固有道統、砥礪民族氣節，再創中華文化卓越貢獻。

　　北京的學風鼎盛，也是五四運動的發源地，擁有世界級的學府，我們藉著座談、訪問及研討，增進兩岸的交流，本次活動團員下榻駐進中華文化學院美輪美奐的專家樓，接受優質的各項服務。該學院是中國專門培養人才的基地，包括政府官員及社會精英。學院地理位置優越，在北京高校聚集的海淀區，對面也就是北京著名的舞蹈學校，院校建築莊重典雅。報到後的當晚，校方為了表示熱烈歡迎而籌辦一場盛大的歡迎晚會，齊聚一堂學員有相見恨晚之感。次日早上的開營儀式更是莊嚴隆重，拍完團體照，在大會主席中華文化學院副院長主持致歡迎詞，及與會貴賓勉勵下，研習會系列活動正式展開。

首先登場的是海協會副秘書長專題演講「大陸科技體制與發展」，另一位學者也談「台灣學生赴大陸求學與就業的情況分析」，因為本團學員都來自台灣各專科院校及在學的大學生，對此專題深感興趣，紛紛舉手發問；還有人民出版社總編彌松頤述說「北京民俗文化」……等，所有課程活潑生動，每位學員皆獲益良多。而每天下午參訪行程更為精彩，參觀最具北京歷史的文化景點「八達嶺」，這是我第三度造訪，百看不膩，萬里長城是中華民族的象徵，而八達嶺是長城的重要關口，也是居庸關的重要屏障，氣勢磅礴，昂立於世界的東方，是華夏文化智慧的結晶，同時也並列「世界遺產名錄」之中。登上好漢坡，俯看大地，如同君臨天下、大漢天威，唯我獨尊之感。我們也觀看了三百六十度大電影，播放萬里長城春、夏、秋、冬四季不同的變化，以及秦始皇領軍建造長城的艱辛，氣勢萬千。

遊覽故宮博物館——紫禁城，這也是中國古皇帝君臨天下之處，已有五百多年歷史，是明清兩代的皇宮，同時也是世界上現存規模宏大、著名的古代宮殿建築群，也被聯合國教科文組列入首批「世界遺產名錄」；遊覽馳名中外的中國古今最大的皇家園林——頤和園，園內山外有山，樓中有

樓，湖光山色，也了解了慈禧太后過往；天壇公園是明清歷代皇帝祈求五穀豐收的地方，建築有獨特風格與藝術水準，規模宏大，古柏參天，令人讚嘆！也參觀了蘊含濃郁平民氣息及多彩的百姓風情之「胡同」，接著到乾隆大學士和坤名下的「恭親王府」參觀，並遊覽「雍和宮」、「孔廟」、「國子監」，也品嚐知名的全聚德「北京烤鴨」。

　接著參觀世界知名的「天安門廣場」，位於北京市中心，可容納約百萬人集會，是全世界最大的城中廣場；參觀人民大會堂這座世界上最大的會堂式建築，氣勢雄偉，坐落在天安門廣場西側，是中華人民共和國各屆人大開會的地方，也是國家領導人和人民群眾舉行政治、外交活動的場所，內有萬人大禮堂，可供重大會議及大型文藝表演，也是國宴及接待外賓的重要場所。代表廳內有各省、直轄市、自治區、特別行政區命名的會議廳，每廳均根據地方特色裝修，而台灣廳更為學員好奇，日月潭、阿里山等大型壁飾點綴得富麗堂皇。然後我們又驅車前往因七七事變，登上歷史舞台的「盧溝橋」及「抗日戰爭紀念館」參觀，館內陳列非常珍貴的七七事變文物及完整的歷史資料，從九一八事變、七七事變、武漢淪陷、戰略相持、戰略進攻到日寇投降，也

展出早期的槍械武器……等等，時逢夕陽落日，金黃色的餘暉灑在大地，我走在盧溝橋上，發思古幽情，昔日、今日，不虛此行，一切盡在不言中。

專門培育幹部的中央社會主義學院

與中華文化學院馮主任同站在七七事變的盧溝橋上

血淚歷史的中國人抗日戰爭

歷代皇帝祈求五穀豐收的天壇

與中國海協會副秘書長王小兵合影

中華文化研習營與教授合影留念

秦始皇兵馬俑　西安交通大學

兵馬俑

　　世界最大的馬俑軍陣是秦始皇的陪葬物品，秦始皇三十九歲時已經統一了六個國家，自稱「始皇帝」，也是歷史上第一個統一皇朝的皇帝。話說西安的文化古蹟中，最耐人尋味的莫過於秦始皇的兵馬俑陣地，特別的是如此珍貴寶藏重地，卻是在農民打井水時，無意中發現的歷史大奇蹟。秦始皇兵馬俑博物館位於西安市臨潼區，南倚驪山、北臨渭水，氣勢恢宏，場面壯大，此館開放後，便名揚海外，更列入世界遺產的保護，坑內的軍陣，陶俑、陶馬，真是雕塑藝術極品，神態各異，維妙維肖。我們透過解說員的導覽，分別參觀一、二、三號坑，讓我們對秦始皇的歷史典故有更深一層的了解。有人說，沒看到金字塔就不算到過埃及，沒看過兵馬俑就不算到過中國，在這崇峻的山嶺中，深深感受到漢唐盛世的震憾

　　大雁塔是千年古城，西安的標幟性建築，宏偉壯觀，共

七層，高六十四公尺，塔內藏有六百多部佛經。大雁塔是典型的仿木結構樓閣式磚塔，更因玄奘法師高尚的人格品質和偉大精神，千百年來，像顆發亮的明珠，耀眼奪目。

　　大唐不夜城，文化的MALL，沒有夜生活就像等於沒有一個城市的國際化，曲江的美，包羅萬象，激動人心的時刻，馬上就要到了，大型雷射水幕電影表演要開始了。我坐在宏偉壯觀的紫雲樓前寬闊的台階上，面對著五彩繽紛燈光閃爍，波光倒影的芙蓉湖，盡情地欣賞雷射水幕電影。芙蓉湖面廣闊，佔地三百多畝，湖面注滿水量為三十萬立方米，水幕寬一百二十米、深二十米，是世界上最大的雷射水幕，引進世界最尖端科技，集藝術與娛樂為一體，營造出全方位、多角度的立體水幕效果，它的整體設計及表演形式目前在世界上保持領先的水準。電影主題是「大唐追夢」，水幕上3D幻覺人物仿彿在你身邊走過，士兵威武的陣容在湖面上踩出水花，絢爛美麗的花朵在空中盛開，跳躍的煙火在彩色噴泉中升騰，水雷在水霧中大爆炸，強力的雷射光做出不同的造型在夜空中掃射，這是水與火的奇觀，光與色的變幻，激越澎拜。我會為這歷史充滿生機與活力的現代風彩而喝彩！

西安交通大學

　　這次華夏園丁聯歡大會開幕的場地就是西安交通大學。西安交通大學是國家教育部直屬重點大學，其前身1896年創建於上海的「南洋公學」，後改制交通大學，然後內遷西安，而改為今天的西安交通大學。該大學以理工為特色，並涵蓋醫學、經濟、管理、文、法、哲等綜合性研究型大學，與世界二十五個國家及百餘所大學建立校際關係，學校在培養人才、科學研究，創造出非凡卓越的成就，是世界一流研究型大學之一。

華夏園丁開幕儀式於西安交通大學

陝西省西安市秦始皇兵馬俑博物館

覽漢唐盛世　華夏園丁大聯歡
黃帝陵祭祖

　　天府雄國的陝西省歷史源遠流長，民族文化聞名遐邇，是中華民族文明和華夏文化的重要發祥地，而千年古都的西安上演過十三朝的風華煙雲，秦川大地烙印著上百位皇帝的足跡，也是歷史文化上的皇冠。此次大型活動召開地點就在這歷史文明的西安，主題名稱是「覽漢唐盛世，促華夏復興華夏園丁大聯歡」，為期六天，住在西安香格里拉五星級金花大飯店，團員是來自世界各地的華人教師代表（包括美國、加拿大、泰國、新加坡、港、澳、台及中國境內每省三位）。

　　時逢聖誕節我團提前兩天抵達，先往各地旅遊及感受西安人民聖誕夜的狂歡。經濟改革開放後的中國思想，開放的年輕族群，誇張瘋狂的慶祝活動已遠超過西方，數十萬民眾，穿戴奇形怪狀，男女老少藉著五花八門聖誕裝飾品，打扮自己，手持夜光棒，封城、封街，忙累所有公安維持秩序，歌舞昇華，通宵達旦，渡過快樂美好的聖誕夜。

　　次日上午來自各國各地的代表團陸續報到後，此項大型交流活動即將展開，讓所有團員與會代表了解五千年歷史文明，弘揚中華優秀傳統文化與華夏兒女共享中國西部經濟，社會和教育的發展，傳承民族文化，溝通感情、增強團結，共同促進中華民族的偉大復興。

　　隆重的開幕典禮儀式藉西安交通大學大禮堂舉行，首先由陝西省人民政府副省長朱靜芝致歡迎詞，省政府副秘書長薛漢軍、陝西省教育廳廳長、香港教育局，澳門特區社會文化司、海外華人代表及各級領導致詞勉勵，由陝西省教育廳做主題報告「陝西的歷史文化與教育發展」教育部主講「中國職業教育發展狀況」，而分組專題論談在酒店花園宴會廳分別進行四大細題：一、職業教育與經濟社會發展，二、國情教育與文化傳承，三、民辦教育體制創新與制度建設，四、國民教育與國民素質。省政府熱烈歡迎，午宴設在陝西省人民政府綜合樓，場面盛大，賓主盡歡，讓人感受到省政府的熱情。

　　六天的學術交流活動，參訪獨具特色的幼兒園、小學、中學、專科及大學，收獲非常豐富，知性之旅更是精彩。同時有關單位也特別安排包下一場大型歌舞劇院秀，在富麗堂

皇的宮殿式劇院內享用美食，又可觀看大卡司的歌舞表演，
一場夢幻與詩意的大唐盛典，帶來動感與大氣，是華貴和美
艷無以倫比的藝術享受。

　　雪花飄飄，黃帝陵祭祖場面浩大，沿途三部公安警車開
道，順利來到陝西黃陵縣橋山的黃帝陵慎終追遠。黃帝是中
華民族共同始祖，這裡山環水抱，古樸莊嚴，氣勢非凡，它
體現了中華文化的博大精深，源遠流長，是維繫民族團結、
振奮民族精神、增強民族凝聚力的強大紐帶。

　　祭場排滿各地代表團送來的花籃，身著黃色服裝禮儀的
樂隊合奏祭樂，由主祭者帶領全體代表遵循，上香、獻花、
獻果、讀祭文儀式，全體代表行三鞠躬禮、然後到安排的空
地上植樹，這裡有千年古柏十六株，其中「黃帝手植柏」歷
經五千年歲月，堪稱世界柏樹之冠，區內到處古柏參天，非
常壯觀。鍾靈毓秀，華夏園丁大聯歡閉幕式暨聯歡晚會在酒
店花園宴會廳舉行，會場佈置精緻典雅，離情依依，新知老
友，歡喜聯歡由西安音樂學院學生舞動青春活力的陝北腰鼓
拉開序幕，泰國代表精彩演出水燈舞，香港全體合唱東方之
珠，澳門、廣東合唱明天會更好，音樂學院舞蹈編導系學生
勁歌熱舞兵馬俑造型的秦王點兵，中國各省不同鄉音的新年

祝福語，西藏、內蒙、青海少數民族歌舞大串燒，新加坡全
體代表合唱萍聚，伴歌伴舞為祖國乾杯，台灣代表表演高山
青，獲得如雷掌聲，台上台下全體共同舞動人生，舞動青春
與活力，陝北大秧歌High在最高點中謝幕。此行最後在西安
機場，由各級領導及長官一一握手送行，劃下完美句點。

西安香格里拉金花大飯店熱烈歡迎華夏園丁代表

豐富鮮花素果向歷代皇帝謁靈祭祖

精彩隆重盛大的華夏園丁聯歡晚會會場

沿途由三部公安警車開道護送快速到達黃帝陵

雪花飄飄，參觀西漢帝陵的陽陵

來自國內外的華夏園丁共聚一堂

於黃帝陵種上一棵柏樹

觀看塞外場面浩大的古代攻城表演

逐鹿中原塞外風情飛沙走石，整裝待發

創辦「和平農園」打造蝴蝶生態教育園區

位於台中縣和平鄉中部橫貫公路谷關路段十六公里處、崑崙山下的「和平農園」，是筆者在英國劍橋大學遊學時啟發了我創辦教育農園的構思，花了三年的時間，將「和平農園」打造成以蝴蝶生態為主、娛樂為輔的生態教育園區，大量種植蝴蝶食草及蜜源，利用人工復育出不同品種的蝴蝶，結合休閒與教育生態，做為知性之旅，為蝴蝶生態盡綿薄之力。使遊客走進和平農園，如同走入童話般的世界，這裡有哥德式建築迎賓大門，五顏六色的西班牙馬德里小街景，渾圓拱窗，藍白相間，充滿浪漫地中海餐廳，精雕細琢、氣勢雄偉；巴洛克式建築的多功能教室，收藏世界近千種珍貴的蝴蝶標本館，群蝶曼妙飛舞於室內蝴蝶生態園，仿義大利人工千泉的鐘乳洞、山泉SPA，水中城堡兒童戲水池，還有那世界著名地標縮小版如美國自由女神像、法國艾菲爾鐵塔、荷蘭風車、丹麥美人魚、蘇格蘭衛兵塑像、北京奧運鳥巢……等。仿彿進入五彩繽紛迷你小世界，實現自己的夢

想，也滿足來此的遊客，豐富精彩的內容，也獲得政府公部門的嘉獎殊榮，及婚紗攝影拍片最佳場地。

　　人生如戲，戲遊人生，從光榮的開始與尊嚴的結束，生涯規劃也完成人生階段性的任務。結束營業，兩袖清風，回歸自然與平淡珍藏人生美好的回憶。

哥德式迎賓大門

氣勢雄偉的巴洛克式多功能教室

典雅建築西班牙馬德里街角一景

仿義大利千泉的人工鐘乳洞

園區每個角度都是拍片最佳場景

渾圓拱窗藍白相間浪漫地中海餐廳

炎炎夏日拍攝美女清涼服裝秀

展示收集世界近千種珍貴蝴蝶標本

燈光美、氣氛佳，享受美食，榮獲政府授獎

戶外教學DIY小朋友用心彩繪作品

人工復育各種蝴蝶，媒體用心採訪報導

作者生涯規劃，名校巡禮與師生分享

山居歲月的日子

　　山中無曆日，寒盡不知年。山居歲月，實現個人夢想，日出就是希望，日落就是彩霞，擁抱著綠色大地，珍惜美好光陰，山上春芽、夏綠、秋紅、冬瑟，一年四季著上不同的彩妝，所謂上有天堂、下有蘇杭，想想自己人生，感謝過去種種困難與逆境給予的磨練，這不也是巴洛克的「輝煌」嗎？站在崑崙山下，過著陶淵明式的田園生活，目睹親手打造種植的迷你百果園，每季奏上不同的水果舞曲，壯碩成林名貴的五葉松樹，它吸盡大地靈氣，日月精華，每天散發出無數豐富的芬多精及負離子。

　　蓽路藍褸，驚濤駭浪，走過多少的黑夜，迎接黎明。讀萬卷書，行萬里路，藉著外界高濃度的知識，來填補一下我這低濃度的大腦。人生面對不同的際遇，好的掌握機會盡情享受，不好的就坦然面對，逆來順受，生活處處是風景，也希望智識不再是知識，是另外一種資源的分享，學習效法林語堂的幽默，將自己擅長的順口溜自娛娛人調笑佐餐，讓

人百善「笑」為先，增加生活中的潤滑劑，反正笑是快樂的泉源，也是健康的能量，雖然一輩子很窮，但我窮得非常開朗，祇要自己心靈生活燦爛就行，人生一定要築夢，但築夢也要落實，逐漸去完成夢想，人類不就因為有夢而偉大嗎？

人生藝術，藝術人生，希望藉此替自己坎坷的人生故事留下美好的回憶。

國家圖書館出版品預行編目

浪子的一生 / 浪子著. -- 一版. -- 臺北市
：秀威資訊科技, 2009.10
　　面；　公分. -- (史地傳記類；PC0094)
BOD版
ISBN 978-986-221-289-9(平裝)

1. 羅濟貴　2. 臺灣傳記

783.3886　　　　　　　　　　　　98015662

史地傳記類　PC0094

浪子的一生

作　　　　者／浪子
發　行　　人／宋政坤
執　行　編　輯／黃姣潔
圖　文　排　版／郭雅雯
封　面　設　計／陳佩蓉
數　位　轉　譯／徐真玉　沈裕閔
圖　書　銷　售／林怡君
法　律　顧　問／毛國樑　律師
出　版　印　製／秀威資訊科技股份有限公司
　　　　　　　　台北市內湖區瑞光路583巷25號1樓
　　　　　　　　電話：02-2657-9211　　傳真：02-2657-9106
　　　　　　　　E-mail：service@showwe.com.tw
經　　銷　　商／紅螞蟻圖書有限公司
　　　　　　　　台北市內湖區舊宗路二段121巷28、32號4樓
　　　　　　　　電話：02-2795-3656　　傳真：02-2795-4100
　　　　　　　　http://www.e-redant.com

2009 年 10 月　BOD 一版
定價：330 元

‧請尊重著作權‧
Copyright©2009 by Showwe Information Co.,Ltd.

讀 者 回 函 卡

感謝您購買本書，為提升服務品質，煩請填寫以下問卷，收到您的寶貴意見後，我們會仔細收藏記錄並回贈紀念品，謝謝！

1. 您購買的書名：＿＿＿＿＿＿＿＿＿＿＿＿＿＿＿＿

2. 您從何得知本書的消息？

　　□網路書店　□部落格　□資料庫搜尋　□書訊　□電子報　□書店

　　□平面媒體　□ 朋友推薦　□網站推薦 □其他＿＿＿＿＿＿

3. 您對本書的評價：(請填代號　1.非常滿意 2.滿意 3.尚可 4.再改進)

　　封面設計＿＿　版面編排＿＿　內容＿＿　文/譯筆＿＿　價格＿＿

4. 讀完書後您覺得：

　　□很有收獲　□有收獲　□收獲不多　□沒收獲

5. 您會推薦本書給朋友嗎？

　　□會　□不會，為什麼？＿＿＿＿＿＿＿＿＿＿＿＿＿

6. 其他寶貴的意見：＿＿＿＿＿＿＿＿＿＿＿＿＿＿＿

＿＿＿＿＿＿＿＿＿＿＿＿＿＿＿＿＿＿＿＿＿＿＿＿

＿＿＿＿＿＿＿＿＿＿＿＿＿＿＿＿＿＿＿＿＿＿＿＿

＿＿＿＿＿＿＿＿＿＿＿＿＿＿＿＿＿＿＿＿＿＿＿＿

讀者基本資料

姓名：＿＿＿＿＿＿＿＿＿＿　年齡：＿＿＿＿　性別：□女 □男

聯絡電話：＿＿＿＿＿＿＿＿　E-mail：＿＿＿＿＿＿＿＿＿

地址：＿＿＿＿＿＿＿＿＿＿＿＿＿＿＿＿＿＿＿＿＿

學歷：□高中(含)以下　　□高中　　□專科學校　　□大學

　　　□研究所(含)以上 □其他＿＿＿＿＿＿＿＿

職業：□製造業 □金融業 □資訊業 □軍警 □傳播業 □自由業

　　　□服務業 □公務員 □教職　　□學生 □其他＿＿＿＿＿

請貼
郵票

To：114

台北市內湖區瑞光路 583 巷 25 號 1 樓

秀威資訊科技股份有限公司　　　收

寄件人姓名：

寄件人地址：□□□

(請沿線對摺寄回,謝謝!)

秀威與 BOD

BOD（Books On Demand）是數位出版的大趨勢,秀威資訊率先運用 POD 數位印刷設備來生產書籍,並提供作者全程數位出版服務,致使書籍產銷零庫存,知識傳承不絕版,目前已開闢以下書系:

一、BOD 學術著作—專業論述的閱讀延伸

二、BOD 個人著作—分享生命的心路歷程

三、BOD 旅遊著作—個人深度旅遊文學創作

四、BOD 大陸學者—大陸專業學者學術出版

五、POD 獨家經銷—數位產製的代發行書籍

BOD 秀威網路書店：www.showwe.com.tw

政府出版品網路書店：www.govbooks.com.tw

永不絕版的故事・自己寫・永不休止的音符・自己唱